Más Fuerte Que Todo

Un Puente a la Felicidad Mediante Un Entendimiento Católico del Amor y el Sufrimiento

Angelica Arcelia

RISING
WINDS

Publisher's Cataloging-in-Publication
(Provided by Cassidy Cataloguing Services, Inc.)

Names: Arcelia, Angelica, author. | Fabian, Paul, 1999- author.
Title: Más fuerte que todo : un puente a la felicidad mediante un entendimiento Católico del amor y el sufrimiento / Angelica Arcelia [y Paul Fabian].
Other titles: Greater than all. Spanish
Description: [Bellingham, Massachusetts] : Rising Winds Press, [2026] | Includes bibliographical references.
Identifiers: LCCN: 2026906946 | ISBN: 9798995306153 (hardback) | 9798995306139 (paperback) | 9798995306146((ebook)
Subjects: LCSH: Vida espiritual--Iglesia Católica. | Vida cristiana--Autores católicos. | Formación espiritual--Iglesia Católica. | Felicidad--Aspectos religiosos--Iglesia Católica. | Sufrimiento--Aspectos religiosos--Iglesia Católica. | Amor--Aspectos religiosos--Iglesia Católica. | Perdón--Aspectos religiosos--Iglesia Católica. | Eucaristía--Iglesia Católica. | Spiritual life--Catholic Church. | Christian life--Catholic authors. | Spiritual formation--Catholic Church. | Happiness--Religious aspects--Catholic Church. | Suffering--Religious aspects--Catholic Church. | Love--Religious aspects--Catholic Church. | Forgiveness--Religious aspects--Catholic Church. | Lord's Supper--Catholic Church. | LCGFT: Meditations. | BISAC: RELIGION / Christianity / Catholic / General. | RELIGION / Christian Living / Spiritual Growth. | RELIGION / Christian Living / Forgiveness & Mercy.
Classification: LCC: BX2350.3 .A7318 2026 | DDC: 248.4/82--dc23

ÍNDICE

MÁS FUERTE QUE TODO

Porque los montes se correrán
    y las colinas se moverán,
    mas mi amor de tu lado no se apartará
    y mi alianza de paz no se moverá
    —dice Yahvé, que tiene compasión de ti—.

— Isaías 54:10

Prefacio

Bienvenidos a una experiencia para explorar y descubrir su intrínseca conexión con Dios a través de la espiritualidad Católica. Les invito a embarcarse en un viaje profundo hacia su propio corazón donde la sabiduría de las Sagradas Escrituras converge con los temas eternos del amor, la comunión, la felicidad, el sufrimiento y el perdón.

Esta obra les presentarán diferentes ideas que pueden ayudar a motivar sus pensamientos basándose en sus propias experiencias, cultura o estilo de vida, y les invitará a reflexionar en la vida de Jesús y el amor de Dios en relación con su vida personal, poniendo en conjunto el intelecto, la memoria, la imaginación, así como a identificar las áreas en las que Dios quiere posiblemente sanar o fortalecer. Es mi esperanza que escucharán un llamado en el corazón a entrar en un diálogo personal con Él, escuchar Su voz para responderle con confianza y amor.

El último capítulo titulado "Una historia corta" es un ejemplo ficticio, ilustrado a través de la perspectiva de un ángel guardián, para mostrar algunas de las dificultades que pueden encontrarse en nuestras vidas diarias. Esta técnica narrativa de la historia tiene la influencia de varias fuentes de literatura, tanto religiosos como seglares, explorando hasta cierto grado los conceptos de intervención angélica y su guía. Nuestros hallazgos y experiencias a lo largo de los siglos sugieren que los ángeles guardianes son entidades espirituales reales que pueden ayudarnos en nuestro camino hacia el cielo si prestamos atención a sus inspiraciones. San Ignacio de Loyola nos aconseja no confundir la voz del espíritu bueno con la del malo, por eso Dios lo inspiró a reflexionar sobre las 14 reglas para el discernimiento de los espíritus.[1]

Hay algunos capítulos que incluyen más referencias bíblicas que otros, así que por favor, tomen su tiempo para reflexionar y ponderar. Los invito a que lean las referencias bíblicas que se presentan, y mediten sobre lo que resuene en su corazón: Dios es quien realmente los conoce y quien dirá las cosas de la manera más amorosa... Él llenará los vacíos de las ideas tal como se exponen, así que escuchen lo que Dios quiera decirles entre líneas.

---

1. Pierre Wolff, trad., *Los Ejercicios Espirituales de San Ignacio de Loyola* (Liguori, MI: Liguori/Triumph, 1997), 14.

Ilustración de árbol. Generada mediante inteligencia artificial (Grok), con posterior refinamiento en ChatGPT.

I. La Felicidad

Estableciendo el objetivo

"Feliz el hombre a quien educas, Yahvé, aquel a quien instruyes en tu ley"

— Salmo 94:12

Solía pensar que lo tenía todo claro. Cuando era niña, crecí en una familia amorosa, en una ciudad pequeña, con muchas personas al pendiente de mi. Todo lo que sabía y lo que llegué a conocer lo aprendí de quienes me rodeaban. Presté mucha atención a las enseñanzas que recibí y tuve el cuidado de seguir las indicaciones que me dieron para vivir una vida saludable. Incluso con ese nivel de protección a mi alrededor, me enfrenté a desafíos y, como cualquier otro ser humano, estuve expuesta a sufrimientos, miedos y decepciones.

A medida que crecía, noté a lo largo de mis experiencias personales que incluso después de un momento de total alegría, podría seguir un momento de tristeza. Pero aún con todas las fluctuaciones que sentí en mi espíritu, siempre estuve segura de que fui muy afortunada por mi educación. Podría decir que era *feliz*.

Fue hasta hace poco que las ideas fascinantes del significado de la felicidad capturaron mi atención. Mi hijo mayor me habló de un concepto del filósofo René Girard llamado "Deseo Mimético," que es un estado psicológico de la mente en el cual intentamos tener lo que otras personas tienen; queremos lo que, según la tradición, las costumbres y la historia, creemos que nos hará felices, en cierto modo "imitando" lo que quieren los demás.[1] Me dijo que, en realidad, deberíamos preguntarnos "¿Qué quiero querer?," para discernir qué es lo que auténticamente nos haría felices como mente individual, libre de influencias externas. Lo más sorprendente de todo es que, de acuerdo a este filósofo, todos experimentamos hasta cierto nivel este tipo de deseo, aunque sea tan solo subconscientemente.

Empecé a comprender que para descubrir lo que "nos hace felices," necesitamos saber lo que significa ser verdaderamente felices —no únicamente en la superficie, sino en verdad. Me di cuenta de que nosotros, como seres humanos, estamos en una búsqueda incesante de algo que ni siquiera podemos resumir o comprender plenamente en la complejidad de su significado. Frecuentemente contrastamos el concepto de felicidad con su oponente primario, que a primera vista diríamos que es la tristeza; pero, hay algunas otras emociones y experiencias en las que encontramos movimientos internos que se oponen al concepto que tenemos de felicidad, como la desesperación, la frustración, la soledad, el dolor y en general todo lo que catalogamos como "sufrimiento."

Pero al mismo tiempo, decir que el "sufrimiento" en general es lo opuesto a la felicidad no es del todo correcto. Es

---

1. René Girard, *Veo a Satanás caer como el relámpago,* trad. James G. Williams (Maryknoll, NY: Orbis, 2001), 9–10.

conveniente aquí señalar que un factor muy importante para experimentar la felicidad es ser *libre* espiritualmente; esto se refiere no sólo a nuestros apegos, sino también a la capacidad de actuar como deseamos. El libre albedrío que Dios nos concedió nos confirma esta verdad. La serpiente les mintió a Adán y Eva, —y a la raza humana hasta el día de hoy—, diciendo que si obedecían a Dios, no serían libres. Pero en realidad, es precisamente en esa obediencia donde encontramos mayor plenitud: una libertad que nos libra del peso del pecado y de todo aquello que nos conduce a la muerte espiritual. En libertad optamos por la virtud, o paradójicamente, escogemos la esclavitud del pecado.

En este sentido, no resulta extraño afirmar que Jesucristo fue la persona más feliz que ha existido en el mundo. Antes, durante y al terminar Sus tres años de ministerio, fue completamente libre. Él no sólo tuvo vida en abundancia, sino que *Él es* la vida misma (Juan 14:6). Al mismo tiempo, Jesucristo fue también quien sufrió más que nadie en la historia. En esa misma libertad, Él ha cargado sobre Sus hombros nuestro pecado. Y en Su humildad y en la verdad, ese debe haber sido un gran sufrimiento, que acogió con felicidad. Fue Su pasión sufrir por nuestro bien. Esto nos lleva a una paradoja inevitable: el sufrimiento no necesariamente excluye la felicidad.

Pero entonces: si el sufrimiento no es el principal factor para ser infeliz, entonces, ¿qué lo es?

Una vez, vi a una mujer en una capilla, quien parece que vació su corazón sobre el tabernáculo. A medida que abría su alma, sus lágrimas caían sobre el suelo, y sus dedos dejaron marcadas sus huellas digitales sobre el cristal que protegía al Señor Eucarístico en la custodia. No pude evitar imaginar que si esas marcas —tan frágiles y volátiles— quedaron impresas en la imperfección del vidrio, cuanto más profundo e indeleble debe haber quedado su sufrimiento, como incrustado en el corazón mismo de Dios. Más tarde, esa misma mujer, con su corazón aparentemente sanado, irradiaba felicidad y un espíritu lleno de vida. Este es el tipo de "vacío" que debemos procurar, el que nos lleva a dejarle todo lo que traemos en nosotros mismos, bajo Su cuidado.

Porque también existe otro tipo de vacío, uno que se relaciona a la infelicidad, que se siente más bien como una especie de anhelo por algo que no se puede alcanzar. Sin embargo, puesto que estamos formados del mismo "barro" y traemos el mismo "esquema," podemos vislumbrar —muchas veces a la luz de otros—que por encima de esos vacíos estamos intrínsecamente diseñados para un propósito mayor: hemos sido invitados por Jesús a ser perfectos como Nuestro Padre Celestial es perfecto. (Mateo 5:48)

Esta invitación del Señor no se refiere a buscar la "perfección" con nuestras propias fuerzas sino—como lo han dicho muchos santos—es más bien dejar a Jesús vivir y actuar a través de nosotros. Dios puede pulirnos, como a una piedra preciosa, cuando aprendemos a soltar nuestras preocupaciones y nuestras propias definiciones de perfección —enfocándonos en lo que Jesús está tratando de hacer y decir a través de nosotros— porque entonces, vive en nosotros Aquel que es el único perfecto, obrando aún a través de nuestras imperfecciones.

Escuchamos decir a veces como algunas personas pueden sentirse "realizadas" o exitosas cuando logran un determinado objetivo, como formar una familia, graduarse de la universidad, construir una casa, iniciar un negocio, comprar un automóvil, tener un hijo, ser propietario de una isla, o ganar mucho dinero, entre otras cosas. Sin embargo, ¿qué sucede después de alcanzar su objetivo, cuando logran lo que creían que los haría felices "en el futuro"?

Digamos, por ejemplo, que alguien ha definido "felicidad" como casarse con una determinada persona y creer que lograrlo la haría feliz. Cuando su sueño se hace realidad, podemos decir que alcanzan el nivel de felicidad al que habían aspirado. Sin embargo, una vez que logran su objetivo, es posible que no experimenten un estado constante y duradero de "sentir" felicidad. En cambio, este sentimiento puede fluctuar con el tiempo dependiendo de diversas circunstancias.

Primero exploremos: ¿Por qué todo el mundo desea la felicidad?

La felicidad no es una emoción fugaz, sino un estado constante del ser, aunque no siempre seamos conscientes de ello. Dios implanta en nuestros corazones lo que pretende otorgarnos. Esto significa que Él quiere que seamos felices. Cuando buscamos las cosas que "nos hacen felices," nos sentimos atraídos por lo más perfecto, lo más bello, lo más satisfactorio. Y no hacemos concesiones por menos.

Por ejemplo, en el ámbito material queremos las joyas más finas, los vehículos más modernos, los hogares más acogedores, las mejores cosas que podamos comprar, con lo que nos alcance el dinero. En verdad, esta búsqueda es nuestra alma anhelando lo más bello y perfecto. En verdad, estamos buscando a Dios. Y no nos contentaremos con menos. Nuestra alma no descansará hasta estar unida a Dios, como dice San Agustín.[2] Por eso cuando pensamos que hemos alcanzado la felicidad con alguna cosa creada, pronto volvemos a sentir el mismo vacío de antes, ese impulso de seguir buscando.

Una creencia común es que "cuanto más tienes, más quieres." Esto es una verdad, porque realmente buscamos incesantemente la felicidad, pero no nos damos cuenta de que estamos buscando en los lugares equivocados. En otras palabras, estamos tratando de llenar con cosas materiales un vacío espiritual que sólo Dios puede llenar.[3] Todos deseamos ser

---

2. Richard Viladesau y Mark Massa, eds., *Fundamentos del estudio teológico: Un libro de fuentes* (Mahwah, NJ: Paulist Press, 1991), 40.

3. Blaise Pascal, *Pensées*, trad. A. J. Krailsheimer (Londres: Penguin, 1993), 45.

amados. La experiencia más gratificante de nuestra vida es amar y recibir amor a cambio. Nuestra felicidad no debe centrarse en la aceptación o en las acciones de otra persona hacia nosotros—sin embargo todos queremos experimentar esa "mutualidad." Ese es uno de los factores que nos hacen "felices" cuando nos casamos, cuando tenemos un hijo, cuando nos sentimos amados por una comunidad o cuando sentimos que "pertenecemos." "Sentimos" que el amor es mutuo. Sentimos que le importamos a una determinada persona o a un grupo de personas. Tenemos una especie de sensación afirmada de nuestra existencia.

Por esta misma razón podemos decir fácilmente que la verdadera felicidad viene sólo de Dios porque Él es el verdadero amor. Una vez que lo encontramos, nos damos cuenta de que somos muy importantes para Él. Es más, cada uno de nosotros es la persona más importante para Él. Ese es el misterio del amor de Dios, la grandeza de Su amor. Cuando realmente lo encontramos y lo comprendemos, es imposible no amarlo. Y ese amor no es sólo mutuo, sino que supera a nuestra naturaleza humana. Él nos amó primero.

Entonces, la siguiente pregunta que necesitamos hacernos es: ¿qué es lo opuesto al amor?

Podemos decir que los antagonistas más profundos del amor son el *odio* y la *indiferencia* porque van en contra de todo lo bueno. Resisten al amor con todas sus fuerzas. Mientras que al *odio* se le ve frecuentemente como dirigido hacia otra persona, yo diría que se centra en nosotros mismos —específicamente, en el dolor que sentimos por lo que otros nos han hecho *a nosotros*. Por otro lado, a la *indiferencia* no le preocupan las necesidades o los problemas de los demás. Es conformista, desdeña e ignora. Esto es muy peligroso para el alma, porque significa que es dueña de un corazón tibio, y la persona requiere una acción inmediata tan pronto como se reconoce.

Sin embargo, los primeros enemigos que encuentra el amor no son el odio ni la indiferencia, sino el miedo y la desconfianza.

El miedo crea el ambiente perfecto para el pecado, y podemos ver que el miedo es una de las armas favoritas que el maligno usa contra nosotros. Por eso debemos vestirnos con la armadura de Dios. La palabra de Dios en Efesios 6: 16-17 nos dice: "embrazando siempre el escudo de la fe, para que podáis apagar con él todos los encendidos dardos del maligno. Tomad, también, el *yelmo de la salvación* y la espada del Espíritu, que es la palabra de Dios."

Esencialmente esto significa que si tienes el escudo de la fe, nada penetrará en tu corazón: con la gracia de Dios, tu fe será el medio mismo de tu protección, porque creerás que lo que Dios dice en Su Palabra es verdad, y nada será capaz de cambiar tu corazón. El casco de la salvación, por su parte, protege tus pensamientos: aun cuando las flechas vengan de fuera, tu mente permanece custodiada, y al mantenerla puesta en el Cielo, podrás resistir la tribulación por la esperanza de la salvación. Y la espada del Espíritu es la Palabra de Dios, que has de guardar cerca del corazón, tener presente ante tus ojos y proclamar con tus labios y con tu vida; ella combate por ti. No es necesario añadir ni quitar nada: basta con dejarla obrar y vivir en obediencia, según tu estado de vida.

Adán y Eva fueron tentados a ser orgullosos y desobedientes. Pero antes que nada, fallaron en su confianza en Dios. Si hubieran valorado más la palabra de Dios que la de la serpiente, habrían reconocido a Dios como un Padre amoroso y misericordioso que desea lo mejor para Sus hijos. No hay duda de ello. No le creyeron a Dios cuando les advirtió que morirían si comían del fruto prohibido; fueron engañados por la serpiente, quien les prometió inmortalidad. Al confiar en esa ilusión, la muerte entró a la creación, y la humanidad se hizo mortal. Cada pecado puede ser examinado bajo la sombra del miedo y la desconfianza, pues como todos ellos han "salido" del pecado original, cargan con las mismas marcas de corrupción.

Los siete pecados capitales pueden entenderse como derivados de diferentes miedos. La envidia es el miedo a ser olvidado, eclipsado por el éxito o la popularidad de otra persona. La gula es el miedo de enfrentar a Dios y Su juicio, por lo que nos entregamos a placeres sensoriales y perdemos nuestro precioso tiempo. La avaricia es el miedo a confiar en la providencia y generosidad de Dios, por lo que nos aferramos a las posesiones materiales y a la seguridad monetaria que creemos tener. La lujuria es el miedo a reconocer nuestra naturaleza pecaminosa y nuestra debilidad corporal, miedo a confrontar nuestro sufrimiento emocional, y en una manera nuestra identidad y dignidad, causándonos ceder a bajos impulsos. El orgullo es el miedo a ser humillados y rechazados, por eso inflamos nuestro ego y buscamos admiración. La pereza es el miedo a asumir responsabilidades y a hacer un esfuerzo, el miedo de que las cosas puedan salir mal o que se perderán las comodidades, evitando desafíos y compromisos. Finalmente, la ira es el miedo a someterse a la Voluntad de Dios, especialmente cuando las cosas no van como queremos.

El miedo tiene la capacidad de distanciarnos de Dios, porque cada uno de nuestros miedos tiene un peso que nos jala hacia abajo, tiene una atadura que no queremos romper. Hay miedos naturales, como el miedo que surge en una situación de supervivencia, que es el miedo que nos hace actuar ante el peligro. Hay miedos razonables, cuando basados en experiencias pasadas sabemos que el resultado puede ser negativo, y simplemente no queremos tomar el riesgo. Pero hay otro tipo de miedo que nubla nuestra percepción y nos hace ver cosas de manera distorsionada; este es exactamente el miedo que queremos evitar.

El Espíritu Santo a través de Santa Teresa de Ávila nos inspira en este aspecto con esta hermosa enseñanza:

"Nada te turbe,
Nada te espante,
Todo se pasa,
Dios no se muda.
La paciencia todo lo alcanza
Quien a Dios tiene
Nada le falta.
Solo Dios basta."[4]

Santa Teresa nos dice no solamente confiar plenamente en Dios, sino también ser pacientes. Ella introduce muy oportunamente el concepto de la paciencia en estos versos, pues realmente nos será muy necesario cultivarla y practicarla en cada etapa de nuestra vida. Cuando la paciencia viene de Dios, es un fruto del Espíritu Santo, tranquila y serena, no es una espera intranquila llena de murmuraciones y problemas dentro de uno mismo, que eventualmente se transforma en un resentimiento escondido. Es una meditación que atesora todo en el corazón, porque lo que es atesorado es el descubrimiento del amor de Dios en las cosas ordinarias—viene de adentro y se emana hacia el exterior. Podemos ser tentados a caer en perder la paciencia, puesto que es esencial para nuestra salvación. Tal vez no siempre enfrentemos tentaciones graves, pero la impaciencia se presenta de manera constante... y ésta lucha fuertemente contra la esperanza. Si deseamos crecer en paciencia, pidamos a Dios que nos dé Su Santo Espíritu, porque el Espíritu Santo nos concederá los frutos que necesitamos.

Por otro lado, un corazón "enamorado" es valiente.

---

4. Kieran Kavanaugh y Otilio Rodríguez, trads., *Las obras completas de Santa Teresa de Ávila*, vol. 3 (Washington, DC: ICS Publications, 1985), 386.

Camina en fe y aleja el miedo (1 Juan 4:18). Es una gran señal de amor y un gran consuelo para Dios cuando le decimos que confiamos en Él. Hay una poderosa razón por la cual la imagen de Nuestro Señor de la Divina Misericordia fue revelada a Santa Faustina no solo para que fuera la pintura de Jesús, sino que también tuviera la leyenda "Jesús en Ti confío."[5] Es bueno para nosotros poner nuestro corazón y nuestra confianza en las manos de Jesús; y porque Él sabe lo que es mejor para nosotros, nos pide que confiemos en Él. Confiar en una persona significa que no vamos a cuestionar a esa persona; no vamos a pensar que esa persona quiere algo malo para nosotros; confiamos en la bondad de la persona que creemos que nos ama; es tener la certeza de que esa persona sabe lo que hace y que no hará nada a nuestras espaldas para dañarnos.

Tanto en la Sagrada Escritura como en la historia, encontramos varios ejemplos que corroboran el mensaje del reino de Dios: somos llamados a no temer (Juan 14:27). El Ángel Gabriel le dijo a la Virgen María "No temas, María, porque has hallado gracia delante de Dios" (Lucas 1:30). Similarmente, durante la aparición de Nuestra Señora de Guadalupe, ella le dio consuelo a San Juan Diego cuando le dijo: "No tengas miedo. ¿No estoy yo aquí, que soy tu madre?" Y Dios dice claramente en Isaías 41:13 "Porque yo, Yahvé tu Dios, te tengo asido por la diestra. Soy yo quien te digo: "No temas, yo te ayudo." Dios quiere nuestra felicidad, y nos pide que le entreguemos nuestras penas y cargas, para que podamos encontrar descanso y paz en Su amoroso cuidado.

No podemos escapar de los problemas y desafíos que nos trae la vida, porque vivimos en un mundo lastimado, donde el mal y la tentación siempre están presentes. Sin embargo, es

---

5. María Faustina Kowalska, *La Divina Misericordia en mi alma: Diario de Santa María Faustina Kowalska*, 3.ª ed. (Stockbridge, MA: Marian Press, 2005), 24.

posible experimentar la felicidad ya aquí desde la tierra. Porque cuando Dios viene y habita en un corazón, es algo así como el Cielo mismo. En el Cielo se encuentra la felicidad perfecta, sin miedos ni temores. En la felicidad encontramos la libertad, porque Dios nos creó para ser libres. Y tristemente, muchas veces nos volvemos esclavos de nuestras posesiones, de nuestra propia imagen, de nuestras aspiraciones, de nuestros vicios.

Imaginen un momento de pura felicidad. No piensen en un recuerdo específico, sino una idea general de cómo podría ser la felicidad. ¿Qué ven? ¿Qué sienten? Quizás se sientan tranquilos. O tal vez se sientan extasiados. Quizás estén recostados sobre una suave hierba, inhalando la fragancia de las flores frescas. O quizás estén en un festín, riendo y comiendo con amigos. O quizás estén explorando una magnífica mansión que imaginan que les pertenece. Este "momento" puede ser una realidad. Y como recordamos, el Señor utiliza todos estos "escenarios" para ilustrar Su presencia y el cielo.

Pero debemos decir que uno de los factores que contribuye a encontrar la felicidad es nuestra actitud. Hay un momento en el camino en el que tenemos que tomar la decisión de ser felices, aceptar los regalos que Dios quiere darnos. Tenemos que decidir dejar ir todo lo que nos agobia y preocupa para encomendárselo todo a Él, Quien quiere ayudarnos a superar nuestros problemas y a encontrar la paz. Tenemos que estar dispuestos a alinear nuestra voluntad con la suya y decir "Jesús, en ti confío" desde el corazón, no sólo con los labios. Esto no es fácil, porque significa que tenemos que abandonar nuestra ilusión de control... como si realmente tuviéramos control sobre algo.

Y aquí debemos mencionar nuevamente a Adán y Eva, nuestros primeros padres. Nos dieron muchas cosas, pero también nos heredaron una idea falsa de que somos dioses. La Escritura dice que somos como dioses (Juan 10:34 dice: "Jesús les respondió: "¿No está escrito en vuestra Ley: *'Yo he dicho: dioses sois*?" y Salmo 82:6 "Yo había dicho: 'Vosotros sois dioses, todos vosotros, hijos del Altísimo'"), pero sólo porque somos hijos de Dios creados a Su imagen. Hemos confundido eso con ser dioses nosotros mismos, y hemos actuado como si fuéramos superiores a los demás, o como si tuviéramos control sobre todas las cosas. Pero la verdad es que no podemos cambiar nada únicamente con nuestro deseo o voluntad, sin ninguna acción. A veces ni siquiera podemos cambiar nuestros propios defectos porque tenemos miedo del cambio, o nuestros vicios porque estamos apegados a ellos. Cuánto más imposible es cambiar algo que está fuera de nuestro alcance. En humildad podremos aceptar nuestra condición de criaturas, como lo son todos los demás.

La vida tiene un límite de tiempo, así que usemos este tiempo con sabiduría para encontrar la felicidad, incluso en el sufrimiento. Venimos de la nada —Nadie sabría de nosotros si Dios no nos hubiera creado. En el gran esquema del universo, somos casi nada. Y, sin embargo, somos todo para Él. Somos más preciosos para El que cualquier planeta o galaxia, porque somos Sus hijos e hijas. Él nos creó para ser felices y estar con Él. Él hizo todo lo que existe para nuestra felicidad. Leemos en Jeremías 17:7-8:

> "Bendito quien se fía de Yahvé,
> pues no defraudará Yahvé su confianza.
> Es como el árbol plantado a la vera del agua,:
> que junto a la corriente echa sus raíces.
> No temerá cuando viene el calor,
> y estará su follaje frondoso;
> en año de sequía no se inquieta
> ni se retrae de dar fruto."

Y en el Salmo 1:1-3:

"Feliz quien no sigue consejos de los malvados
    ni anda mezclado con pecadores
    ni en grupos de necios toma asiento,
    sino que se recrea en la ley de Yahvé,
    susurrando su ley día y noche.
    Será como árbol plantado entre acequias,
    da su fruto en sazón, su fronda no se agosta.
    Todo cuanto emprende prospera."

Ambos pasajes muestran a la felicidad como un árbol plantado cerca de las corrientes de agua. Un árbol robusto cuyas hojas no se marchitan. Un árbol que produce frutos.

Cuando Jeremías define la felicidad, menciona primero la "confianza." Confiar completamente en Dios, esperar en Él plenamente —este es el cimiento. ¿Y qué es la esperanza? Es la búsqueda del cielo. La virtud de la esperanza tiene que ver con lo que deseamos, lo que es eterno, lo que anhelamos. Si tenemos esperanza en Dios, significa que lo esperamos. Si confiamos en Dios, significa que nos encomendamos a Él. Confiar es más que decirlo sin creerlo, o sentirlo sin actuar en consecuencia. La confianza implica entrega, compromiso, entrega del "mí mismo," del "yo." Cuando hagamos esto con nuestro corazón, comenzaremos a vislumbrar la felicidad. Ser egoístas y orgullosos significa poner toda nuestra atención en nosotros mismos. Todo es acerca de mi." Siempre centrándonos en el "yo." Por el contrario, la caridad es siempre cuidar del amado y hacer todo por el amado. Es dejar atrás el "yo" para darse a los demás.

Luego el árbol. La imagen de un árbol que no "teme" a la sequía y da frutos se utiliza para ilustrar la felicidad en ambos pasajes. Un árbol con hojas y frutos muestra la abundancia de la vida. Un árbol que no teme a la sequía muestra la confianza y seguridad de estar arraigado. Una persona feliz, como un árbol, no cambia ni se mueve, sino que permanece firme, tranquila y pacífica. Y se añade algo más: da fruto. Una persona feliz que comparte el gozo del Espíritu Santo con otros inevitablemente dará frutos porque el Espíritu Santo quiere comunicarse con los demás a través de esta persona (Lucas 15:8-10). Incluso si la persona no se mueve, tal como está, saca el fuego que tiene en su interior. Una persona feliz dará testimonio con su sola vida, en *sabiduría, obediencia, justicia, sacrificio y fidelidad.*

Siguiendo el mismo razonamiento, podemos entender que esta agua que nutre al árbol no es un agua cualquiera. Cuando el agua del río fluye a través de las piedras, parece producir una melodía con su movimiento. Por lo tanto, el agua que mencionan estos textos debe ser la misma agua viva que puede cambiar hasta los corazones aparentemente más inmutables, rígidos como piedras. Esta agua es la fuente de la felicidad y simboliza el proveedor de todas las necesidades del árbol, así que la persona feliz simplemente tiene que "existir." La persona feliz ni siquiera necesita hacer un esfuerzo, sólo necesita "ser." Esa agua es el refugio y la providencia misma.

La felicidad se puede alcanzar, pero sólo si la buscamos de la manera correcta. Hay muchas citas inspiradoras relacionadas con la felicidad. Algunos sugieren que la felicidad no es un destino, sino un viaje. Algunos describen cómo a Dios le importa más nuestra felicidad que nuestra comodidad. De esto podemos inferir que nuestra felicidad reside en la búsqueda de la santidad, porque eso es lo que Dios realmente desea para nosotros. Así como la felicidad no siempre significa comodidad, el gozo no siempre significa placer.

¿En este sentido, es posible disfrutar de las cosas creadas y al mismo tiempo "ser feliz"? Sí, es posible, siempre y cuando las veamos tal como son. Son bienes, no ídolos. Tienen un lugar y un valor adecuados, pero no son el objetivo final de nuestras vidas. Si mantenemos nuestras prioridades claras y vivimos de acuerdo con nuestro propósito, usaremos las cosas para nuestro beneficio y servicio, y no nos haremos esclavos de ellas. O como dice el refrán: "no nos convertiremos en la posesión de nuestras posesiones."

Muchas personas se dan cuenta en retrospectiva y reconocen que fueron felices—a pesar de los desafíos—agradecidos por su salud, estabilidad o unidad familiar. Pues, como hemos dicho, el sufrimiento y la felicidad no son opuestos; a veces es a través del sufrimiento que aprendemos a apreciar lo que tenemos.

Jesucristo es el hombre más feliz que ha existido en la historia, no por Su gran sufrimiento, sino porque conoce verdaderamente el Cielo, es plenamente libre y vive en perfecta obediencia a la voluntad del Padre. Y, sin embargo, aún siendo Dios, es también quien más ha sufrido, no solo por la agonía física que soportó para redimirnos, sino porque conoce en toda su profundidad el amor, ya que Él mismo es Amor. Puede contemplar la extensión total de nuestras transgresiones y de todo aquello que hiere al amor.

Sin embargo, ¿podemos examinar la naturaleza de la felicidad? ¿Qué es exactamente? ¿Una sensación? ¿Una emoción? ¿Una condición? ¿Cómo podemos cuantificarla? ¿Tiene una dimensión temporal y espacial?

Al parecer la felicidad es muy esquiva y muy difícil de "medir." Comparando a dos personas aparentemente felices no podemos juzgar quién es más feliz; porque para hacer eso, tendríamos que considerar no sólo cada momento de sus vidas, sino también sus pensamientos, sus historias, sus experiencias, sus antepasados, sus valores, las conexiones que tienen con los demás, sus metas y cada factor que contribuye a su complejidad. Incluso la apariencia exterior puede ser engañosa. Una persona puede decir que es feliz y siempre sonreír, pero con el corazón atribulado. Y otra persona puede permanecer en silencio, con rostro solemne pero con felicidad en el corazón.

La palabra "feliz" tiene sus raíces en el latín felix, felicis, que significa "fértil," que implica una disposición interna de darse a uno mismo para el beneficio de otra vida. Esto nos recuerda el árbol que da fruto, que Dios menciona en Su palabra. La verdadera felicidad puede ser un estado constante, independientemente de las fluctuaciones que nuestras emociones provocan en nuestro interior—que en ocasiones parecen tener mente propia. La felicidad, como tal, podría formar parte de nuestra vida diaria, aunque no seamos conscientes de ello. Todo se reduce a nuestras prioridades e intenciones: donde está nuestro tesoro, allí está también nuestro corazón (Mateo 6:21). Por eso es fundamental distinguir las cosas importantes del resto, y de esa manera, poder ver la felicidad que muy bien puede ya estar dentro de nosotros.

¿Y cuándo sabemos que somos felices?

Una forma de medir nuestra propia felicidad es preguntarnos si estamos viviendo de acuerdo con nuestra verdadera naturaleza y propósito. La felicidad viene cuando nos convertimos en las personas para las que fuimos creados y hacemos con amor las cosas que se supone que debemos hacer, de acuerdo con nuestra vocación y estado de vida; ésta viene, entonces, porque dejamos a Dios vivir y actuar a través de nosotros.

Dios nos creó para estar con Él, así que seremos felices cuando actuemos de acuerdo a Su voluntad, cuando hagamos las cosas que sabemos le agradan. Esto nos lleva al concepto de 'santidad.' A veces debemos renunciar a ciertos placeres para cumplir con nuestras obligaciones; sin embargo, cuando actuamos de tal manera, surge una satisfacción que ni siquiera esperábamos.

La Virgen María sabía lo que es la felicidad perfecta porque ella era como el árbol del que habla Dios en Su palabra: en su corazón habitaba la Santísima Trinidad. Dios es rey y soberano del cielo y de toda la creación, y Nuestra Señora experimentó la alegría única de tener en su seno, físicamente durante nueve meses, al Hijo de Dios. Llevaba al Dios vivo con ella todos los días, lo cual seguramente llenaba su corazón de constante felicidad.

Su sufrimiento, sin embargo, también fue perfecto, no sólo porque era y es perfecta como criatura y supo sufrir de manera heroica, sino también porque por su pureza experimentó el dolor en toda su perfección. Hay una imagen que la representa con siete espadas atravesando su corazón y también existe la devoción a los siete dolores de la Virgen María. Podemos inferir que el número siete simboliza perfección, a la luz de las numerosas referencias en la Sagrada Escritura que apuntan a este significado. — Por ejemplo, en Génesis leemos que el universo fue creado en siete días (Génesis 1:1-2:3); en el libro de Apocalipsis leemos acerca de las siete Iglesias, las siete copas, las siete trompetas y los siete sellos (Apocalipsis 2-3); y en el Evangelio, Nuestro Señor nos dice que hay que perdonar setenta veces siete (Mateo 18:21-22).

Sin embargo, ella es también la reina de la esperanza, la fe y el amor. Si imaginamos a la felicidad como un árbol, donde el amor es el tronco frondoso, entonces las tres virtudes teologales son las tres ramas entrelazadas que nos llevarán no solo a la felicidad sino también al cielo. Estas virtudes están arraigadas en el verdadero amor. Y cuando amamos a Dios primero, y luego amamos a nuestros semejantes por Él, nos convertimos en la persona que Dios nos creó para ser— entonces encontramos nuestra verdadera felicidad. Con la ayuda de Nuestra Señora subiremos a este árbol para alcanzar sus frutos.

La primera rama es la esperanza. Sin esta virtud no podemos alcanzar la felicidad, pues sin esperanza no podemos experimentar gozo. Nuestra Señora es la reina de la esperanza, porque ella lo demostró en su vida. Ella entendió cómo vivir en la Voluntad de Dios y nos mostró que es posible para cualquiera de nosotros, incluso en nuestra simplicidad, hacer lo mismo. Aún cuando no tenía la capacidad de obrar milagros, sus actos de amor daban testimonio de la gracia de Dios.

A través de su vida humilde Nuestra Señora nos mostró la belleza de confiar solamente en Dios, de poner nuestra esperanza en Sus promesas. Ella nos mostró que si buscamos primero el reino de Dios, todo lo demás se nos dará por añadidura (Mateo 6:33). La sagrada Escritura nos da a notar que el ángel la dejó (Lucas 1:38), para que pudiéramos entender que el ángel había cumplido con la parte de su misión como mensajero, y ella empezaría la suya como madre de nuestro redentor. Ella estaba en obediencia a la voluntad de Dios, su corazón estaba lleno de paz y gozo, sin importar los retos que la vida cotidiana trae consigo, esperando en confianza ver la voluntad de Dios cumplida.

Ella llevó una vida sencilla, pero sus virtudes eran extraordinarias. Como ella estaba realmente llena de la gracia y el amor de Dios (Lucas 1:28), su matrimonio trascendía cualquier interpretación de afecto humano. La intimidad que compartía con San José era pura, virginal, y espiritual. La intimidad física como la entendemos en el sentido tradicional del matrimonio era innecesaria, pues ambos estaban constantemente extasiados, deslumbrados, inmersos en admiración, deleitados en la contemplación de las maravillas de Dios; la vida de ellos estaba siempre en comunión con Dios; alcanzaron el estado de unión entre ellos, porque estaban los dos unidos con Dios. Se maravillaban al ser testigos del cumplimiento de las promesas de Dios, desplegándose delante de sus ojos.

La Santa Biblia revela que el Espíritu Santo la llamó "Bendita," que, en otras traducciones, significa "Feliz." El Espíritu Santo habló a través de Santa Isabel y le dijo: "¡Feliz la que ha creído..." (Lucas 1:45) y luego lo afirmó a través de las palabras de la misma Virgen: "...por eso desde ahora todas las generaciones me llamarán bienaventurada..." (Lucas 1:48). Pero también sabemos que enfrentó pruebas, incertidumbres y hasta la muerte de su Hijo. Entonces, ¿cómo encontró la fuente de su felicidad? Su fuente fue su constante comunicación con Dios en la oración y la obediencia a la Voluntad de Dios en su vida.

Esto quiere decir que si seguimos su ejemplo y mantenemos una conversación constante con Dios a través de la oración, podemos permanecer en un estado de felicidad. Pero ¿podemos realmente orar sin cesar? No sólo podemos, sino que es lo que aconseja San Pablo en su carta (1 Tesalonicenses 5:16-18). Y eso es lo que nos enseñan las Sagradas Escrituras y los profetas. Y como Dios quiere nuestra felicidad, el propósito de Su Sagrada Escritura y Su ley —incluidos los diez mandamientos y el gran mandamiento— apuntan a nuestro bien.

En la felicidad podemos respirar paz y tranquilidad. Experimentamos calma y armonía, tal como cuando actuamos con integridad. Puede haber una tempestad en el centro del mar, pero no puede abarcar toda su inmensidad. Es más, esa misma tempestad podría "nutrir" al mar con su agua y hacerlo más grande si fuera posible. De la misma manera, si tenemos esperanza en las promesas de Dios, incluso nuestros problemas pueden resultar para nuestro beneficio. Entonces, esos mismos problemas pueden ayudarnos a crecer y a hacernos más fuertes.

Al ascender por la segunda rama del árbol debemos considerar la virtud de la caridad, que nos inspira a amar a Dios y al prójimo. La caridad llena nuestros corazones con un tipo especial de felicidad, que proviene de dar más que de recibir. Cuando somos generosos en espíritu y en obras, experimentamos una paz especial y un tipo de alegría que anticipa la felicidad de la persona que se beneficiará de nuestra asistencia.

Esta caridad puede expresarse de muchas maneras: mediante dones materiales o espirituales, ya sea al compartir bienes o al practicar la paciencia y el servicio hacia los demás, realizando así obras de misericordia. Para ser caritativos necesitamos la gracia de Dios para poder desprendernos de nuestros apegos y miedos, y crecer en nuestra confianza a la Divina Providencia. Nuestra Señora es la reina de la caridad, porque nos dio el tesoro más precioso: Nuestro Señor Jesucristo. Ella se entregó totalmente a la voluntad de Dios con sus palabras "hágase en mí según tu palabra" (Lucas 1:38). Su virtud fue heroica ya que estaba dispuesta a sacrificarse por amor si fuera necesario. Lejos de perder su libre albedrío, alcanzó una santidad tal que su voluntad se conformó plenamente con la voluntad de Dios.

Ejercer la caridad es beneficioso para nuestra propia alma y para ser las manos providenciales extendidas de Dios hacia el prójimo, como dice el Catecismo de la Iglesia Católica: "La divina providencia obra también por las acciones de las criaturas."[6] Dios, en Su sabiduría, ha inspirado a Su pueblo que si queremos trabajar por nuestras almas y por Su reino necesitamos ayudar con nuestros recursos y ser administradores de la creación.

Dios conoce nuestra inclinación a acumular tesoros y a aferrarnos a las posesiones. Por eso, es necesario pagar el precio del desprendimiento: soltar aquello que, en el fondo, debería resultarnos fácil dejar, como el dinero. (1 Timoteo 6:10 "Porque la raíz de todos los males es el afán de dinero, y algunos, por dejarse llevar por él, se extraviaron en la fe y se atormentaron con muchos sufrimientos"). Esto es algo que está disponible para todos, incluso para los menos afortunados, como por ejemplo la viuda que dio las dos únicas monedas que tenía. (Lucas 21:1-4). También podemos ser caritativos al "desprendernos" o al "invertir" nuestro tiempo intercediendo en oración en favor de las necesidades de otros.

---

6. *Catecismo de la Iglesia Católica*, 2.ª ed. (Washington, DC: Conferencia Católica de los Estados Unidos, 2000), 323.

Y mientras continuamos ascendiendo por la rama de la Caridad, ésta nos muestra nuevamente que Jesucristo es el hombre más feliz de la historia porque nadie ha dado más que Él. Él se entregó por nosotros. Se ofreció al máximo, dio Su vida por Sus amigos. Y, sin embargo, sigue dando; Él se entrega diariamente en la Sagrada Eucaristía. Él se entrega todos los días a quienes quieren cambiar de vida y seguirlo. Desde el inicio de Su ministerio hasta el tiempo presente, Él continúa enseñando y perdonando. Durante esos años en que estuvo proclamando el reino de Dios, siempre estuvo dando. Dando Su vida, dando Su tiempo, dando Su mejor esfuerzo, dando sanidad y vida, dando perdón a manos llenas. Transformando, multiplicando y dando de la nada, de donde no había nada que dar, siguió dando. La multiplicación de los panes y los peces da fe de esta afirmación(Mateo 14:13-21). La gente fue testigo de cuando Él transformó el agua en vino (Juan 2:1-11), y ahora somos testigos de cómo Él sigue multiplicando Su amor en cada persona que Lo recibe.

La caridad es como una semilla que cae de un árbol y da paso al nacimiento de un nuevo árbol, o ayuda al transformarse en alimento para otras criaturas. Se entregan plena y generosamente. Por el contrario, el egoísmo y el orgullo son enemigos de la felicidad.

Dar con un corazón sincero o sacrificarnos por amor puede traernos una sensación de recompensa. Puede ser que nos sintamos agotados al final, pero también sentiremos satisfacción interior y alegría por hacer lo correcto. Parece que cuando nos vaciamos de nosotros mismos, Dios nos llena con Su gracia. Este sentimiento puede consolarnos y darnos paz, independientemente de las circunstancias.

Pero para subir al árbol de la felicidad necesitamos también la virtud teologal de la fe. Fe significa creer y aceptar una verdad que nos transmitieron—aunque no la podamos ver o palpar. La fe nos hace confiar y depender de las promesas de

Dios. Esta virtud nos conecta con las otras virtudes de la esperanza y la caridad. La esperanza nos hace mirar hacia el cielo, en el que podemos creer por la fe, y que es nuestra meta final después de correr la buena carrera, como dice San Pablo en 1 Corintios 9:24-25. La caridad nos hace darnos al amor de Dios y a sus promesas, confiando y entregando todo nuestro ser a Él.

En esta maravillosa virtud de la Fe, podemos decir que la oración habita en su esencia, abriendo nuestros corazones al amor sin fronteras de Dios, asegurándonos que Él siempre nos escucha, que no debemos preocuparnos (Mateo 6:27), y que Él tiene un plan con un tiempo y provisión perfectos. A través de la oración somos invitados a confiar en Su cuidado, descansando en la confianza de que Él conoce nuestras necesidades (Mateo 6:26) aún antes de que pidamos (Mateo 6:8). Este rendimiento a Él se realiza cuando genuinamente ponemos nuestra confianza en Él a través de nuestra fe, cuando vivimos y practicamos los sacramentos, y cuando personificamos Su amor y perdón.

El Espíritu Santo nos guía, orando en nosotros, a través de nosotros y con nosotros. Debemos ser receptivos a cualquier tipo de oración que Él nos inspire, porque Él es quien nos llama a orar. Hay un deleite único cuando el alma se llena de fervor al mero pensamiento de glorificar a Dios a través de cualquier forma de oración, pues cada una nos lleva a profundizar en nuestra relación con Él y a experimentar Su presencia. Para poder escuchar la suave guía del Espíritu Santo, necesitamos cultivar el silencio interior—puede haber silencio interior incluso en medio de una multitud. Es más importante acallar lo que tenemos en la mente que el aparente ruido externo.

En la rama de la fe es muy importante hablar de la gratitud. Nuestro Señor nos enseña a orar como si ya hubiéramos recibido lo que pedimos (Marcos 11:24). Nuestro Señor reconoció al leproso por regresar a agradecerle que lo curó (Lucas 17:11-19). Podemos mirar a Nuestra Señora como el ejemplo perfecto, la Madre de la gratitud. Ella es la más agraciada de todas las criaturas y constantemente da gracias a Dios. Podemos descubrir que parte del gozo de nuestro corazón proviene de nuestra gratitud. Ser agradecido significa que podemos apreciar lo positivo de las cosas o el buen resultado de algo malo. Conduce a una visión más optimista de la vida. Damos gracias a Dios por lo que tenemos, lo que nos ayuda a reconocer todas las bendiciones que recibimos. El nombre de la forma mas grande de oración,—la Santa Misa o celebración de la Eucaristía—tiene sus raíces en la palabra Griega *"Eukharistia,"* que significa "Acción de gracias."

Ahora, para evaluar la posibilidad de felicidad en nuestra existencia terrena, necesitamos confrontar el tema que la mayoría de la gente preferiría evitar: el sufrimiento. Para tal efecto, podemos formular dos hipótesis alternativas que son lógicamente incompatibles:

Primera: La felicidad es alcanzable en nuestra vida presente en la tierra

Segunda: La felicidad es inalcanzable en nuestra vida presente en la tierra

Pero, ¿Cómo se puede alcanzar la felicidad en medio del sufrimiento?

En primer lugar, es necesario reconocer que algunas formas de sufrimiento son evitables. Por nuestra propia naturaleza, no buscamos el sufrimiento por sí mismo, salvo en casos particulares —como ciertas afecciones psicológicas o cuando no lo identificamos como tal—, o bien cuando lo abrazamos como expresión de amor, que nos lleva a aceptar el dolor por el bien del ser amado. Aunque estas situaciones son muy distintas entre sí, no nos detendremos ahora en lo que mueve a una persona a sufrir, sino en cómo nos enfrentamos al sufrimiento.

Es imposible pensar que somos inmunes a lo que todos conocemos como sufrimiento natural. El sufrimiento, como la felicidad, puede experimentarse en diferentes grados —algo que es una carga pesada para una persona puede ser algo realmente fácil de soportar para otra. Algo que es motivo de ansiedad para uno puede ser algo totalmente indiferente para otro.

Como ejemplo, consideremos un día ordinario en la vida de un hombre. Inevitablemente, en algún momento del día, tendrá que sufrir. Sin embargo, en este escenario, su meta principal es el Cielo, y busca con frecuencia la gracia de Dios. Mantiene su mente elevada, ofrece todos sus sufrimientos y da gracias por lo que ha recibido. Procura desprenderse de sus apegos y pasiones desordenadas, y así experimenta una creciente libertad interior.

Cuando surge el miedo, discierne si es legítimo; actúa en consecuencia, pone su confianza en Dios y continúa su jornada. Ora constantemente y, al final del día, al regresar a casa cansado por el trabajo bien hecho, reflexiona sobre lo vivido y lo ofrece todo a Dios, incluso sus fracasos. Con esperanza renovada, da gracias una vez más, con la certeza de que todo está en manos de Dios. Así, su corazón permanece en paz, sabiendo que ha obrado conforme al bien.

Pide perdón por sus faltas, se abandona confiadamente al descanso y ama a Dios sobre todas las cosas —con todo su corazón, con toda su mente y con todas sus fuerzas—, y al prójimo como a sí mismo.

Vive de tal manera que, cuando llegue el final de sus días en la tierra, lo acogerá del mismo modo: en plenitud, como una continuación del camino ya recorrido. El paso de esta vida será entonces como un simple paso más, porque ya estaba en camino. Y, siguiendo esa misma dirección, pasará de una felicidad a otra, pues Dios lo transformará de gloria en gloria. Si el Cielo es la plenitud de la felicidad, podemos decir que este hombre es verdaderamente feliz: vive en armonía y en paz.

La segunda hipótesis sostiene que no podemos alcanzar la felicidad en la tierra. Según esta postura, la felicidad es nuestro fin último, y atravesamos esta vida —marcada por el sufrimiento— como parte del camino hacia ella. Un pensamiento muy difundido entre los santos afirma que no hay mayor sufrimiento que no estar aún en el Cielo. Existe también otra línea de pensamiento que propone que la felicidad no puede alcanzarse plenamente sin algún grado de sufrimiento, pues este permite experimentar el premio como verdaderamente 'ganado'. Pero entonces, según esta segunda forma de pensar, ¿no sería una fuente de felicidad poder sufrir por tal causa?

Si se considera la felicidad como el placer de obtener lo que queremos, significaría que el sufrimiento mismo podría ser el fundamento para alcanzarlo; y como hay un fundamento, debe significar al menos algo de felicidad. Además, si ese sufrimiento es un anticipo que indica algo que va a suceder, es decir la felicidad misma, entonces les puedo asegurar que ese mismo sufrimiento significa una porción de la felicidad que buscan.

Los santos vivieron en esta esperanza y, aun en medio de sus pruebas, experimentaron una verdadera felicidad; ahora gozan de la plenitud de esa bienaventuranza en el Paraíso. Esta es la felicidad que les fue preparada desde toda la eternidad, y a la que también todos estamos llamados. Correspondieron a esa gracia y llegaron a ser, en justicia y santidad, aquello para lo que habían sido creados.

Así pues, podemos concluir que la felicidad no es algo subjetivo. Es real. La felicidad podría estar mezclada con el sufrimiento, pero *nunca con el pecado*; por eso, el gozo auténtico es un regalo que recibimos del Espíritu Santo. Podemos experimentar la felicidad desde ahora en la tierra cuando nos vaciamos de nuestros apegos y vivimos confiando en Dios, de acuerdo a las prioridades de nuestro estado de vida. La tendremos si procuramos obrar con paciencia, en libertad y justicia, guiados por la fe, la esperanza y la caridad. La felicidad no es un sentimiento fugaz, sino que es la plenitud de la vida misma... La felicidad es tener vida en el espíritu y tenerla en abundancia.

En la Sierra Nevada, California (c. 1867), de Albert Bierstadt.

II. EL PERDÓN
PREPARANDO EL CORAZÓN

"Toda acritud, ira, cólera, gritos, maledicencia y cualquier clase de maldad, desaparezca de entre vosotros. Sed más bien buenos entre vosotros, entrañables, perdonándoos mutuamente como os perdonó Dios en Cristo."

— EFESIOS 4:31-32

Perdonar puede no ser una tarea muy fácil. Con frecuencia no comprendemos la fortaleza de nuestro espíritu, hasta que nos vemos enfrentados a una situación que nos llama al perdón. San Ignacio de Loyola nos transmitió las enseñanzas del Espíritu Santo sobre las reglas para discernir los movimientos espirituales en nuestro interior, aprendiendo a identificar los consuelos y las desolaciones.[1] Nosotros, como individuos, tenemos todas nuestras facultades

---

1. Pierre Wolff, trad., *Los ejercicios espirituales de San Ignacio de Loyola* (Liguori, MI: Liguori/Triumph, 1997), 80–81.Wolff, *Los ejercicios espirituales*, 80–81.

—memoria, imaginación y comprensión—tan intrínsecamente unidas a nuestro espíritu, mente, cuerpo y alma que se dice que todos necesitan trabajar en conjunto para cometer un pecado. Sin embargo, es *la voluntad* quien debe dirigir estas facultades.

Por lo tanto, una dolencia física puede derivar en desolación, al abatir nuestro espíritu, y del mismo modo, una desolación espiritual podría "saltar" al cuerpo. Las emociones negativas pueden afectar nuestra salud física, ya que reaccionamos ante situaciones estresantes o perturbadoras. Por eso podemos sentirnos físicamente "enfermos" cuando recibimos malas noticias de algo o alguien que nos importa, o cuando guardamos rencor. Cuando experimentamos una situación que produce enojo, estrés o ansiedad, tales emociones se reflejarán no solamente en el espíritu y en el carácter, sino que también afectarán al cuerpo, potencialmente alterando los niveles de azúcar, presión arterial, sistema digestivo, o cualquier otro miembro de nuestro organismo.

Así como antes contemplamos la felicidad representada en un árbol, ahora, para continuar nuestro camino espiritual, nos acercamos al perdón como quien asciende una montaña. Nuestra meta es alcanzar su cima, siempre de la mano del Señor, pues sin su guía no podríamos lograrlo. Él vela por nosotros y en Él podemos confiar plenamente. Al caminar a Su lado, nos conduce hacia lo alto, donde escucharemos palabras quizá inesperadas, pero hondamente familiares, que anhela compartir con nosotros. En la cumbre ya no habrá obstáculos: hallaremos descanso y paz, y nuestros corazones se acercarán al Cielo.

Y por supuesto, porque estamos ascendiendo, significa que nos estamos esforzando para hacerlo. No es un descenso... estamos subiendo. Al escalar la ladera de esta montaña, me parece que estamos invitados a perdonar constantemente. Desde el momento en que nacemos, debemos empezar a ejercitar el perdón, incluso cuando no seamos realmente conscientes de ello. En el momento de nuestro nacimiento estamos muy alterados porque prácticamente fuimos arrancados de ese lugar cómodo que era de nosotros, donde estábamos relajados y felices, pues simplemente "éramos" nosotros mismos— sin ninguna pretensión, haciendo solamente lo que se suponía que debíamos hacer.

Este cambio extremo causó en nosotros una gran desolación porque prácticamente nos vimos obligados a entrar y enfrentarnos a un nuevo entorno de lo desconocido, lleno de luz y aire, para aprender a respirar y tantas cosas más. Tenemos que empezar, desde esta etapa tan temprana de nuestra vida, a adaptarnos a una nueva realidad, y a pesar del estallido de nuestro primer llanto, estamos a punto de perdonar este gran acontecimiento que nos acaba de suceder por el bien de nuestro crecimiento y desarrollo. Debemos perdonar eso mismo que no entendemos, y con lo que tenemos que comenzar una nueva lucha, una pelea, incluso a través de nuestro desacuerdo—de la misma manera que Jacob peleó contra aquel cuyo nombre no conocía (Génesis, 32:22-32).

Un poco más arriba en la montaña, nos remontamos a nuestra infancia. Crecemos con la guía de nuestros padres o tutores, y ellos nos enseñan cómo ser generosos y a perdonar... Esta es una gracia que viene de Dios, pues el perdón nos conecta con Él de una manera más profunda y nos convierte en Sus hijos.

Hace tiempo escuché un sermón dado por el fallecido padre Darío Betancourt—un sacerdote que en vida se especializaba en el ministerio de "sanación"—donde habló del concepto de la hipocresía cristiana, cuya enseñanza él clamó haberla obtenido de San Juan Crisóstomo.

De acuerdo al padre Betancourt, podemos alcanzar el perdón incluso si no lo sentimos. Si alguien nos hiere y aún cuando no quisiéramos volver a ver a esa persona, es necesario cultivar la determinación de perdonar y pedir a Dios la gracia para hacerlo. Así podremos, poco a poco, afrontar a quienes nos han ofendido con serenidad, respondiendo con la bondad que viene de Él, como lo hicieron los santos. Aun cuando no sintamos deseos de perdonar, podemos decidir hacerlo. El perdón es un camino que requiere tiempo y sanación, como una herida que poco a poco va cicatrizando.

El padre Betancourt enseñó que una clave esencial para recibir sanación es precisamente el perdón. Dijo que debemos dirigir nuestras oraciones a Nuestro Señor crucificado, uniendo nuestros sufrimientos a Sus llagas, porque por Sus llagas hemos sido sanados. Explicó que mucha gente que sufre de heridas emocionales o traumas, muy frecuentemente necesitan ya sea perdonarse a sí mismos o perdonar a otros. Basándose en la sabiduría de Eclesiástico 38:9-12, dio la guía de un proceso de sanación en cuatro pasos, aclarando que podrían interrumpirse tan pronto como se experimente la gracia de ser sanados. De acuerdo a sus hallazgos, estos pasos que se presentan a continuación, son necesarios tanto para la sanación física como la espiritual.

(1ro) El primer paso es regresar a Dios. El padre enfatizó la importancia de la paciencia en medio del sufrimiento o la enfermedad, recordándonos que, mientras tanto, debemos suplicar al Señor por nuestra sanación. En el proceso de sanación interior —especialmente cuando está vinculado al perdón—, es necesario ser pacientes tanto con quien nos ha ofendido como con nosotros mismos ante la dificultad de perdonar.

Además, el rencor hiere la caridad y, por tanto, el amor mismo, cuya fuente es Dios. Sin embargo, Dios es lento a la ira y conoce nuestra debilidad. Por eso, en humildad, estamos llamados a reconocer nuestra fragilidad; así, nuestra paciencia crece al aceptar que nuestros sentimientos no se aquietan tan fácilmente como quisiéramos.

(2do) En el segundo paso se enfoca en el arrepentimiento.

Somos invitados a arrepentirnos de nuestros pecados y renunciar a todo aquello que nos lleve a la tentación, o que haya sido fuente de pecado para nosotros. El padre Betancourt explicó que por definición, pecado es "todo lo que nos aleja de Dios." El pecado no es algo que Dios haya creado; más bien, los pecados son manifestaciones voluntarias y consecuentes a la ausencia de vida, y que pueden afectar al cuerpo o al espíritu. El pecado corrompe nuestra "transparencia" espiritual, pone un peso a nuestro espíritu, nos desmotiva de nuestras obligaciones, y nos lleva a la idolatría—ya sea de nuestra apariencia, riquezas, placeres, posesiones o supersticiones. Cuando idolatramos algo, robamos tiempo que deberíamos usar para dar a Dios Su gloria. Cuando el pecado echa raíces en nuestro corazón, éste, al temer ser descubierto y llevado a la luz, empieza a propagarse como una infección atrayendo a sí mismo a otros pecados.

El padre Betancourt también explicó que es muy importante evitar y abandonar especialmente aquellas cosas que nos arrastran a la oscuridad, tales como la lectura del tarot, los horóscopos, los adivinos o cualquier cosa que pertenezca a lo oculto—todo aquello que dan una ilusión de poder o control, o aquellos que parecen tener conocimiento ya sea de eventos futuros o pasados. Aquí, también dijo que en este paso es cuando *elegimos* perdonar, incluso si no lo "sentimos." Esto significa cambiar nuestro estilo de vida para que podamos recibir sanación, abandonando todo rencor y resentimiento. Hay que mantener presente esta ofrenda y pedir a Dios que nos quite todos los sentimientos negativos, sabiendo que esta ofensa ya le fue dada y quedó a los pies de Su cruz.

Si la oración no quita el sentimiento de inmediato, hay que tratar de distraer la mente con algo bueno; como T.S. Eliot dijo, "distraerse de las distracciones por las distracciones".[2]

---

2. T. S. Eliot, "Burnt Norton," ensayo, en *The Complete Poems and Plays of*

Esto es: tan pronto como notamos que viene el mal recuerdo, conscientemente tomar la decisión de no darle mayor importancia, sino más bien tomarlo por lo que es: un pensamiento fugaz y sin materia. Es una buena práctica enfocarnos por ejemplo en contemplar la naturaleza o la belleza que nos rodea; también es recomendable orar por la situación que nos perturba. Orar por nuestros enemigos es una fuente muy poderosa para obtener sanación. Y no rendirse. Mantenerse firme en la resolución y ser constante en la oración.

La santa indiferencia puede ayudarnos con ésto (1 Corintios 7:29-31). Al dejar de lado conscientemente nuestros rencores y resentimientos, estamos practicando la humildad. Guardar rencor es señal de una buena memoria, pero también de un orgullo herido. El resentimiento frecuentemente está vinculado con la creencia de que tenemos "derecho" a estar enojados. Es como una manera de vengarse del ofensor al hacerlo sentir mal y culpable. Santa indiferencia significa ofrecer nuestro dolor a Dios, uniéndolo con la Pasión de Cristo en la cruz, o usándolo como una oportunidad de arrepentimiento personal de nuestros pecados. No debemos dejar volar nuestra imaginación, ni darle al agresor ningún tipo de poder sobre nosotros, pues esto nos lleva al resentimiento y la amargura. Este proceso puede no ser fácil al principio, pero si permanecemos abiertos y dispuestos, Dios nos ayudará a lograrlo.

(3ro) En el tercer paso, el padre Betancourt nos alienta a ofrecer a Dios sacrificios adecuados y ofrendas generosas de acuerdo con nuestros recursos. En este punto dijo que hay cuatro formas de hacer ésto: (a) presentar el ofrecimiento de las Santas Misas, (b) donar dinero a entidades religiosas, especialmente las que trabajan basadas en la caridad; (c) dar el diezmo a la Iglesia (es decir una décima parte del salario), (d)

T. S. Eliot (London, UK: Faber and Faber, 1969), 171–76, esp. 174.

ofrecer nuestras propias vidas en una entrega total de estos sentimientos para que Dios pueda encargarse de ellos.

(4to) El sacerdote concluyó su sermón con el último paso: "Finalmente debes consultar al médico", dijo. Dios es el creador de todas las cosas y nos ha dado la sabiduría para descubrir medicamentos para sanar el cuerpo; sin embargo, el padre Betancourt también nos advirtió que muchas veces cometemos el error de saltar todos los pasos anteriores y vamos primero al doctor. Si una enfermedad fue causada por el odio, la persona esencialmente necesita lidiar primero con ésto y perdonar, antes de buscar ayuda médica. Él aconsejó que primero debemos acudir al sacerdote, y como último recurso ir al médico.

Ahora bien, la virtud de la Esperanza ofrece un tipo especial de ayuda, ya que dirige nuestra atención al cielo. Nos ayuda a perdonar y a darnos cuenta, aunque sea brevemente, de que nuestra existencia terrenal es fugaz y transitoria. Nos ayuda a tener presente la gloriosa recompensa que Dios ha preparado para nosotros en Su reino.

A medida que continuamos nuestro ascenso a la cima de la montaña, durante nuestra primera infancia experimentamos en carne propia lo que significa ser como niños para entrar en el Reino de los Cielos. Podemos entender esta analogía observando la pureza de un niño. Un niño tiene una inclinación natural a compartir y perdonar porque guarda las enseñanzas de sus padres en su corazón puro. En este sentido actúan con fe, porque aceptan y abrazan en su corazón lo que les enseñaron, y lo que su conciencia—dada por Dios—les confirma que es correcto. Un niño herido llora, pero si recibe una disculpa, perdona rápida y generosamente.

Aquí nos encontramos con la primera roca de camino a la cima. Lamentablemente, en algún momento de nuestros primeros años aprendemos que podemos posponer el perdón. Peor aún, aprendemos que cuanto más retenemos el perdón, más expresiones de afecto, recompensas y disculpas recibimos. Entonces, sentimos que somos el centro de atención, y todo el enfoque está en nosotros. Sin embargo, la emoción del coraje puede convertirse en ira, que es más que un sentimiento—se transforma en un algo casi irracional que conduce al odio y al resentimiento.

Después de haber superado ese primer obstáculo, puede que aún queden en nosotros pequeñas huellas de resentimiento y amargura que necesitan ser sanadas con paciencia. Sin embargo, a veces nos encontramos con una prueba aún mayor: cuando alguien nos hiere de manera injusta. Esta herida puede ser profundamente dolorosa y convertirse en un gran obstáculo, uno que sólo con la ayuda de Dios podemos aprender a superar. Dios nos llama a volver a nuestro origen, a ese estado en el que fuimos creados a su imagen y semejanza: con la pureza de un niño, con la sencillez de un perdón inmediato, con una aceptación confiada de la realidad... y con alegría. Él no sólo nos invita a dar, sino a dar con un corazón gozoso. Por eso, cuando ofrecemos perdón, estamos llamados a hacerlo con una intención sincera y transparente. Así, poco a poco, la belleza de nuestra infancia interior se restaura, y volvemos a ser como niños.

El perdón de Dios es ilimitado e incondicional. Él no retiene su misericordia hacia quien se arrepiente sinceramente, por graves o frecuentes que sean sus pecados. Mostró su compasión a Caín y Nínive, entre otros (Jonás 4:10-11; 1 Reyes 21:27-29; Génesis 4:15), sin más que mostrar arrepentimiento. También nos da la gracia de imitarlo y perdonar a los demás. Me parece como que Dios respira perdón. El misterio del perdón reside en Su misericordia, que Él nos concede generosamente.

Por otro lado, no debemos dar por sentada esta misericordia. No debemos racionalizar o disculpar nuestros propios pecados. Nadie puede engañar a Dios. Si reconocemos que Él es bueno, pero elegimos conscientemente permanecer en el error, cerramos nuestro corazón a Su gracia. Él siempre está dispuesto a perdonarnos en cuanto volvemos a Él; rechazar esa invitación es, en el fondo, alejarnos de su amor.

Tenemos la capacidad de perdonar porque fuimos creados a imagen de Dios. El perdón es un don poderoso que nos libera de las cadenas invisibles de la amargura y el odio. Cuando perdonamos, nuestra mente se abre, nuestro corazón respira, y somos capaces de mirar la vida con esperanza y fe. En cambio, el rencor nos ofrece una falsa sensación de control, nacida del orgullo. Pero en realidad, quien no perdona es quien permanece atado. Muchas veces, quien nos hirió sigue su vida sin cargar con ese peso, mientras nosotros lo sostenemos innecesariamente. Por eso, es sabio reconocer este engaño: aferrarnos a una ofensa puede robarnos muchas alegrías.

Nos damos cuenta una vez más de que la ausencia de perdón proviene del miedo, porque el miedo desplaza al amor. Ante esta situación, lo primero que tememos es ver nuestro "yo" herido —tenemos miedo de perder el control de la situación; y de alguna manera tenemos miedo de ser felices. A veces nos acostumbramos tanto a la amargura que imaginar una vida sin ella parece difícil. Así comienza a formarse una dureza en el corazón, una capa que necesita ser ablandada antes de que se endurezca más. Y a veces para romperla del todo necesitamos humedecerla con las mismas lágrimas que surgen de la sanación interior.

El perdón es un proceso complejo y de múltiples capas que puede ser aún más difícil cuando tenemos muchos apegos. A veces, esos apegos son precisamente a las heridas y al ego. Estamos en una búsqueda de crecimiento y sanación, y todos tenemos que aprender a perdonar de diferentes maneras y grados. Pero hay heridas más profundas que otras, y algunas requieren más tiempo y gracia para sanar. Por eso es tan importante no caminar solos: es bueno buscar el consejo y compañía espiritual de una persona confiable, sabia y fiel, alguien que sea un instrumento de Dios, que nos transmita Su mensaje. De esta manera buscamos evitar quedar aislados para no convertirnos en presa fácil... como una oveja cuando es separada de su rebaño por una manada de lobos.

Como decíamos, nos encontramos en primer lugar con las transgresiones relacionadas con la naturaleza; esas ofensas son las que aprendemos a perdonar sin razonamientos; o mejor dicho, aquellas que apenas perdonamos, las olvidamos. Lo ideal sería que el perdón siguiera la misma trayectoria en todas las ocasiones, pero el pecado lo complica todo. No sólo en el aspecto de nuestro propio ego, sino también en la malicia de la ofensa. Y aquí es donde encontramos los diferentes niveles de perdón, según el grado del pecado. No es lo mismo perdonar una incomodidad pasajera —como el calor o el tráfico— que perdonar un acto deliberado que nos ha herido profundamente. Y aún más difícil se vuelve cuando la injusticia alcanza a quienes amamos. En esos momentos, es esencial acudir con confianza a nuestra Madre Celestial, quien, con un amor perfecto, supo perdonar en medio del dolor más grande, incluso hasta los actos más injustos y crueles.

El conocimiento que Dios tiene de nuestra naturaleza humana es evidente, no sólo porque Él es nuestro Creador, sino también porque eligió tener una experiencia humana, a través de la cual nos mostró el valor del perdón con el ejemplo de Nuestro Señor Jesucristo. Primero, usó parábolas para comunicarse con nosotros, estimular nuestro intelecto y enseñarnos como lo hace un padre amoroso con su hijo. Habló del hijo pródigo y nos animó a empatizar con el arrepentimiento del hijo, a extender el perdón como el padre y a reconocer el resentimiento incluso en una persona justa como el hermano. (Lucas 15:11-32) Habló de hacer un esfuerzo adicional. Nos ordenó que no tomáramos represalias con un "ojo por ojo y diente por diente," sino que amáramos a nuestros enemigos y a aquellos que nos ofenden. El perdón es tan esencial para nuestra vida que Él lo incorporó a la oración que nos enseñó, la misma oración que recitamos con frecuencia, para que, al repetirla constantemente, la grabemos en nuestra mente y en nuestro corazón.

Nos enseñó muchas lecciones acerca del perdón, pero sobre todo nos mostró el ejemplo máximo al perdonar a quienes lo crucificaron. Dios hizo del perdón un don divino e instituyó un Sacramento para ello. Como todos los demás Sacramentos, el Sacramento de la Reconciliación tiene su origen en la Cruz, donde Dios reconcilió al mundo consigo mismo. Jesús nos trajo el perdón de nuestros pecados por su verdadero dolor por nuestro mal. Porque sólo Dios puede ofrecer un sacrificio digno de Dios. Intercedió ante Dios Padre por aquellos que lo estaban torturando. El ladrón arrepentido entró al Paraíso el mismo día que pidió perdón. (Lucas 23:43) Aquí podemos ver el perdón vinculado a la Misericordia como las más altas expresiones de bondad y perfección.

En el Domingo que celebramos la Misericordia Divina, leemos el pasaje cuando el Señor vino a Sus discípulos después de Su resurrección. Entró en esa habitación aún cuando las puertas estaban cerradas, porque las puertas de la misericordia ya estaban abiertas, en Su corazón abierto por una lanza. Así es como el Señor estableció el Sacramento de la Reconciliación en el Altar de la Cruz. Se apareció a sus discípulos y sopló sobre ellos para darles un nuevo espíritu, de manera semejante en la que Dios Padre hizo con Adán para darle vida (Génesis 2:7). Cristo sopla sobre la criatura arrepentida para concederle vida nueva, y concederla en abundancia. Él, siendo la Nueva

Alianza, restauró la relación dañada entre Dios y los hombres (2 Corintios 5:17-21).

Y aquí encontramos una cuerda para seguir ascendiendo la empinada montaña del perdón: consiste en la comprensión de que todos los males que nos hacen a nosotros, simples seres humanos, no son nada comparados con los males que le hacemos a Dios, que es pura bondad. Nos enfrentaremos a muchas ofensas, a veces injustas, pero recordemos que nuestras ofensas son mucho peores y más injustas, porque Él es todo santidad y pureza, mientras que nosotros en nuestro orgullo, podemos pecar— incluso cuando realizamos un acto religioso —si no estamos vigilantes. También es útil reflexionar que cada acto que hacemos contra el prójimo, en realidad lo estamos haciendo contra Dios, porque estamos quebrantando Su ley o dañando Su creación.

A medida que subimos la montaña, nos encontramos con diferentes escenarios y oportunidades para practicar el perdón. A veces será hacia las autoridades, que quizás nos hayan hecho mal. A veces compartiremos la compasión de Jesús por los mismos que nos han herido. Recordemos que al enemigo de nuestra alma también se le conoce como "el acusador," porque su trabajo es hacernos enfocar en la culpa ajena, en el defecto de los demás, y hacer ver estos defectos más grandes de lo que en realidad son. Permitamos que el Espíritu Santo fluya en nuestro corazón, para que podamos ser libres de toda confusión o resentimiento.

Mientras seguimos ascendiendo en nuestro camino espiritual, puede suceder que incluso surjan conflictos con otros que también sirven fielmente a Dios, situaciones en las que la reconciliación parece lejana y no se vislumbra un acuerdo posible. En esos momentos, estamos llamados a confiar y a ponerlo todo en manos de Dios. Podemos imaginar, con sencillez y fe, que colocamos a cada persona —o a cada grupo— en las manos de Nuestro Señor Crucificado. Jesús, puente vivo entre

Dios y los hombres, acoge a todos en su amor y, con ternura, guía a cada corazón hacia el suyo. Si ambas partes aman a Dios y buscan obedecerle, poco a poco serán conducidas hacia el corazón de Jesús, donde toda distancia se acorta, toda herida encuentra consuelo, y brotan la paz, la reconciliación y la gracia del perdón.

Al haber ascendido hasta la cima de la montaña, vemos que sobre nosotros no hay nada más que el cielo y lo divino. El Señor nos invita a recostarnos en verdes pastos y descansar. Y aquí escuchamos Su voz que nos dice, al igual como lo hizo sobre la montaña en aquel tiempo:

"Bienaventurados los pobres en espíritu, porque de ellos es el Reino de los Cielos.

Bienaventurados los *mansos*, porque *ellos poseerán en herencia la tierra*.

Bienaventurados los que lloran, porque ellos serán consolados.

Bienaventurados los que tienen hambre y sed de justicia, porque ellos serán saciados.

Bienaventurados los misericordiosos, porque ellos alcanzarán misericordia.

Bienaventurados los limpios de corazón, porque ellos verán a Dios.

Bienaventurados los que trabajan por la paz, porque ellos serán llamados hijos de Dios.

Bienaventurados los perseguidos por causa de la justicia, porque de ellos es el Reino de los Cielos.

Bienaventurados seréis cuando os injurien y os persigan y digan con mentira toda clase de mal contra vosotros por mi causa. Alegraos y regocijaos, porque vuestra recompensa será grande en los cielos; pues de la misma manera persiguieron a los profetas anteriores a vosotros."

— MATEO 5, 3-12

El Señor Jesús nos enseña las bienaventuranzas y con ellas nos dice las bendiciones que vienen cuando somos misericordiosos y cuando ejercitamos el perdón.

Cuando llegamos a este punto, o a esta etapa del perdón, habremos avanzado mucho, pero la jornada no ha terminado todavía. "La fuerza de gravedad" —que es nuestra tendencia a pecar— nos jala hacia abajo, porque todavía somos propensos al pecado y a la tentación. Incluso al llegar a la cima de la montaña, cuando sólo el cielo se extiende sobre nosotros, puede surgir en algunos la idea de que debemos "perdonar" a Dios por aquello que escapa a nuestro entendimiento, como los desastres naturales. Sin embargo, más que dirigir ese sentimiento hacia Dios, estamos llamados a mirarnos con mayor misericordia a nosotros mismos, reconociendo con humildad nuestras propias fallas, especialmente aquellas que hieren el amor. Dios no es la causa de nuestro sufrimiento; en Su misterio, a veces lo permite, siempre con un bien mayor en el horizonte, aunque no siempre podamos comprenderlo. Ante esto, es mejor no cuestionar la soberanía de Dios sobre Su creación, porque Él es el alfarero y nosotros el barro. (Isaías 45:9; Romanos 9:20)

Hay un proverbio que dice: "Puedes saber dónde está tu corazón por lo que te distrae la atención." Y Jesús dice: "Porque donde esté tu tesoro, allí estará también tu corazón" (Mateo 6:21). Es triste reconocer que, muchas veces, atesoramos nuestras amarguras y rencores; los guardamos con cuidado, como si no quisiéramos soltarlos. Sin embargo, cuando Dios nos invita a perdonar para poder orar, lo hace por nuestro propio bien, por la sanación de nuestro corazón. Dios siempre escucha a quienes lo aman, incluso cuando luchan con esta dificultad del perdón. Pero el desafío está en nosotros:

la falta de perdón va nublando nuestra capacidad de escucharle. Es como si nuestros oídos espirituales se fueran cerrando poco a poco, entumecidos por el peso del rencor. Cuando perdonamos, en cambio, algo dentro de nosotros se libera y se abre. Entonces, su voz —suave y constante— vuelve a ser clara, y nuestro corazón puede, por fin, reconocerla.

La oración es como esa escalera que Jacob vio en su sueño: "Y tuvo un sueño. Soñó con una escalera apoyada en la tierra, cuya cima tocaba los cielos, y vio que los ángeles de Dios subían y bajaban por ella." (Génesis 28:12). En el sueño de Jacob, podemos interpretar claramente que la oración es la conexión del espacio que hay entre el cielo y la tierra. La oración, en este sentido, es la escalera que se apoya en la tierra, es decir el hombre mismo creado del polvo; la escalera llega hasta el cielo, donde habita Dios. Podemos pensar en los ángeles que ascienden como nuestras oraciones y peticiones que elevamos a Dios, y en los ángeles que descienden como Su respuesta hacia nosotros.

Sin embargo, muchas veces la falta de perdón es alimentada por el que busca la división y no quiere vernos libres, sino esclavos. Intenta hacer que los errores de los demás parezcan más grandes y bloquea esta comunicación albergando resentimiento hacia quienes nos han herido. Entonces nosotros mismos ponemos obstáculos a las inspiraciones divinas que Dios nos envía. Podemos orar por la conversión de otros, pero cuando repetimos ofensas en nuestra mente se convierten en un ruido que no deja escuchar la voz de Dios con claridad.

La montaña del perdón es una metáfora muy fuerte que representa el desafío de dejar ir el resentimiento y la ira a lo largo de la vida. Aparentemente una montaña es inamovible, exactamente como a veces la ofensa parece tan difícil de remover. Porque para tomar la decisión de perdonar hay que hacer un esfuerzo que a veces parece imposible... Casi como intentar mover una montaña. Pero Jesús nos enseña en Marcos 11:23

que podemos mover montañas con la fe: "Yo os aseguro que quien diga a este monte: 'Quítate y arrójate al mar' y no vacile en su corazón sino que crea que va a suceder lo que dice, lo obtendrá."

Este mar también podría representar el mar de la Misericordia de Dios, donde Él arroja todas nuestras faltas y transgresiones. Pero el Señor va más allá y enfatiza la importancia del perdón en el versículo 25 del mismo capítulo de Marcos: "Y cuando estéis orando, si tenéis algo contra alguien, perdónalo, para que vuestro Padre que está en los cielos os perdone a vosotros vuestros pecados." Estos versículos nos muestran que nada es imposible para Dios, y que podemos confiar en Él para que nos ayude a perdonar a los demás.

Me parece notable cómo Nuestro Señor y Salvador Jesucristo enfatiza, así como nos enseñó a orar en el Padre Nuestro, que necesitamos perdonar a los demás para recibir el perdón. Creo que esto se debe a que cuando elegimos perdonar, abrimos nuestro corazón a la gracia que Dios quiere darnos, — tal como lo hemos dicho con la escalera que soñó Jacob— y entonces podemos recibir lo que Dios quiere otorgarnos. Él puede transformarnos de gloria en gloria. Dios siempre está dispuesto a perdonar, como lo podemos ver en la parábola del hijo pródigo. Después de que el hijo hace su *examen de conciencia* y dice su *acto de contrición*, empieza su camino de *regreso a casa*. Cuando el padre ve a su hijo a la distancia, se parece a un faro que cuida el horizonte con la esperanza de traer de vuelta a un barco, a salvo a la bahía.

La presencia de Dios es constante, pero el pecado nos ha vuelto ciegos a Su gracia. Podemos mirar a Nuestra Madre Celestial como modelo de perdón. Ella estuvo junto a la Cruz, venciendo el miedo con amor. Ella quería exaltar la gloria de Dios y contemplar Su grandeza. Su deseo de ver cumplida la Voluntad de Dios le dio fuerzas para mantenerse firme, incluso en medio de la agonía. Como hemos dicho, ella es la Madre de la gratitud. Ella es la madre del Señor Eucarístico. Al mismo tiempo ella también es la reina de la esperanza. No perdió la fe en las promesas de Dios, incluso cuando todo parecía perdido.

En el momento de la crucifixión, el velo del templo fue rasgado en dos, de arriba a abajo, como rasgándose sus vestiduras, propiciando esa cercanía entre Dios y los hombres, destruyendo la barrera que nosotros mismos pusimos, con el pecado. Pero Su Misericordia es ilimitada. Eligió este misterioso evento para mostrarnos que quiere habitar con nosotros, trabajar dentro de nosotros y a través de nosotros. Él estableció la Nueva Alianza y nos llamó a Sí: todos los Sacramentos fueron instituidos en el Altar de la Cruz y ahora todos, a través del Bautismo podemos tener una relación personal con Dios; nos convertimos en sacerdotes que pueden entrar al lugar más Santísimo de todos los lugares Santos: el corazón de Dios.

Nuestro Señor nos enseña que el perdón es una virtud ilimitada. Nos dice que perdonemos setenta veces siete (Mateo 18:21-22), que como dijimos previamente, el número siete puede significar "perfección." Para poder perdonar setenta veces siete significa que vamos a sentirnos ofendidos o irritados setenta veces siete. Esto implica que enfrentaremos muchas situaciones que desafían nuestro perdón, ya sea que provengan de la misma persona u ofensa, o de diferentes fuentes, en diferentes momentos del día.

Aspiramos a contemplar el rostro de Dios, y Él desea concedernos la visión de Su rostro en todos los sentidos, incluso en nuestros semejantes. Pero, paradójicamente, muchas veces elegimos mirarnos a nosotros mismos, insistir en los males que nos han hecho y notar cada detalle de ellos. Los repetimos incesantemente en nuestra mente, y nos sentimos heridos. Así corremos el riesgo de que el corazón se empiece a endurecer. Pidamos a Dios la gracia de volver a nuestra pureza bautismal para poder ser transparentes y así ver el rostro de Dios en todos y en todas partes.

Por esta misma razón es conveniente aprender a perdonarnos a nosotros mismos. Todo el mundo comete errores y todos somos pecadores. A veces tenemos la tendencia a insistir en el pasado, en cosas que nos lastimaron o en cosas que hemos hecho que lastimaron a otros. Para luchar por ganar de nuevo nuestra paz interior, es bueno aprender a dejar ir estas cosas. Porque la única forma en que podemos "cambiar el pasado" es cambiando nuestra actitud en el presente. Si vamos a revivir en nuestra mente un hecho o algo de lo que nos hemos arrepentido, tiene que ser para darle un nuevo significado en nuestra vida. Si no podemos evitar tenerlo presente, entonces necesitamos pedir perdón a la persona a la que herimos u ofendimos, aunque sea sólo en nuestra mente, sobre todo si ya no está en nuestras vidas... y entonces tenemos que perdonarnos a nosotros mismos por haber tomado decisiones equivocadas. Si nos arrepentimos, significa que nos damos cuenta de que no sabíamos lo que hacíamos o que reconocemos el error. Si la lucha es muy fuerte, debemos llevar este problema al confesionario, para que Dios pueda sanarnos con Su gracia abundante.

El perdón es un misterio profundo que surge del amor y que podemos vislumbrar cuando la misericordia y la humildad se encuentran. El perdón es una manifestación del amor verdadero y es muy querido en el corazón de Dios. Requiere humildad tanto del que perdona como del perdonado. El que perdona tiene que superar su orgullo y mostrar compasión por la persona que le hizo daño, así como por el daño mismo. Los perdonados tienen que humillarse, admitir su falta y buscar el perdón con sinceridad de corazón. En este sentido, se da y se recibe Misericordia simultáneamente. La misma medida que usemos para dar perdón, será utilizada en nosotros para recibir misericordia.

Imagínense a un padre que observa a su pequeño perdonar a alguien que le quitó los dulces. El padre siente una oleada de amor y compasión por su hijo; de la misma manera, Dios siente un perfecto amor y compasión por nosotros cuando perdonamos y busca consolarnos. Su corazón es tan tierno hacia nosotros que no puede resistirse.

Se dice que perdonar no implica olvidar. Sin embargo, estos dos conceptos no están muy alejados el uno del otro. Es cierto que nuestra memoria no se borra instantáneamente cuando perdonamos, como si sufriéramos una especie de amnesia. Pero creo que Dios puede ayudarnos, con Su gracia, a sanar—en el momento más oportuno—el recuerdo del dolor y hacerlo menos intenso, como si el sentimiento tuviera anestesia.

Podemos entender que el enojo inicial es una emoción, mientras que la ira —aquella que implica pecado por ser una decisión ligada a la acción y al ego— es una elección. 'Nadie tiene el poder de hacerte iracundo.' Por tanto, perdonar después de haber estado enojados debería ser algo alcanzable. Si la ira implica un acto de la voluntad —un esfuerzo en el que el ego desea sostener la ofensa—, entonces también es posible optar por soltarla. En otras palabras, así como elegimos permanecer enojados, también podemos elegir perdonar. Tanto el perdón como la ira son, en gran medida, una cuestión de elección. Hay un proverbio que dice "Para pelear se necesitan dos," lo que significa que, u optas por escalar la situación, o simplemente decides dejarlo ir.

Muchas veces no podemos decidirnos a perdonar porque tenemos miedo. Es como un mecanismo de defensa para que no nos vuelvan a hacer daño. Otras veces puede haber un aspecto de autoestima o de sentimiento de culpa.

Por otra parte, el orgullo es una fuerza poderosa que resiste el acto de perdonar. Teme que al dejar de lado el rencor perderá su identidad e influencia. El orgullo se aferra al pasado y se niega a seguir adelante, incluso si eso significa prolongar el dolor y el sufrimiento, pues no quiere admitir sus errores ni reconocer la perspectiva del otro. Es necesario hacer todos los esfuerzos posibles para buscar la reconciliación. A veces no es posible hablar directamente con los infractores, ya sea por miedo a su encuentro o porque se alejaron, o porque rechazan cualquier acercamiento para reconciliarse; entonces tenemos que perdonarlos mentalmente, pidiéndole a Dios que derrame muchas bendiciones sobre ellos, y también pedirle a Dios que nos ayude a perdonar auténticamente.

También existe un punto crucial a considerar. A veces, algunas personas pueden tener una imaginación muy activa y sentirse ofendidas, incluso cuando no exista una ofensa real. No me refiero a las situaciones en las que nuestras acciones o intenciones podrían ser malinterpretadas, sino a las situaciones en las que las personas crean falsas ideas en su mente. Hay que tener mucha precaución, pues Dios nos pide que seamos caritativos con los débiles de espíritu, y aunque su sufrimiento esté basado en algo falso, para ellos es verdadero. En estos casos necesitamos discernimiento y preguntarle a Dios cuál es la mejor manera de abordar la situación—si es algo que Él nos está pidiendo intervenir o, como pasa a veces, si es que nos está pidiendo que ejercitemos el mismo silencio de Jesús en la Cruz.

No es posible estar en dos lugares al mismo tiempo; no podemos promediar el bien y el mal. Reflexionemos en lo que promete el líder de cada dominio —el del bien y el del mal— y en que no podemos estar de los dos lados al mismo tiempo... debemos escoger. El perdón es un regalo que podemos ofrecernos a nosotros mismos y a los demás, pero el gozo y la paz interior es una gracia que nos regala Dios. Cuando perdonamos, nos alineamos con Su voluntad y nos mantenemos firmes del lado de Jesús. El perdón nos trae paz y alegría, porque perdonamos por amor a Él y en obediencia a Su palabra. Incluso si no "sentimos" el perdón al principio, de hecho, le damos la victoria.

Podemos estar seguros de que Dios nos está pidiendo algo cuando se alinea con nuestra vocación, con nuestros valores, con nuestro estado de vida. Frecuentemente nos imponemos diferentes penitencias u obras a nosotros mismos que tal vez Dios no quiere para nosotros. Muchas veces lo único que Él espera de nosotros es algo más simple, pero no menos importante: que ofrezcamos el perdón con sinceridad.

Ilustración original de Giulio Aristide Sartorio, *Un tigre luchando con una serpiente*, circa 1894 (con posterior refinamiento en ChatGPT).

III. El Sufrimiento

Entendiendo el reto

"La esencia más íntima del amor es la entrega de uno mismo. La entrada a todas las cosas es la Cruz."[1]

— EDITH STEIN

Todos hemos experimentado el sufrimiento en alguna etapa de nuestras vidas. Podemos aprender a vivir con él, y aunque a veces tratamos de esconderlo, no podemos ignorarlo ni evitarlo. Hay diferentes tipos de sufrimiento, físico y espiritual, y hay algunos tipos de sufrimiento que implican crecimiento. El sufrimiento no es algo que Dios desea para nosotros o espera que busquemos; Él puede *permitir* que suceda, pero nosotros no debemos procurarlo. El libro de Job es el primero en la Biblia que explica todo lo que necesitamos saber acerca del sufrimiento, y empieza diciendo

---

1. Edith Stein, *Finite and Eternal Being*, trans. Kurt F Reinhardt (Washington, DC: ICS Publications, 2002), 416-417. La primera parte de la frase se encuentra en la obra de Stein titulada *Finite and Eternal Being*. La segunda frase ha sido atribuida a Stein a través de un icono en la parroquia de San Martín en Bad Bergzabern, Alemania, donde ella fue bautizada en la fe.

como Dios permitió los sufrimientos de Job. Él no los planeó ni se los procuró (Job 1:12).

Sabemos que Dios solo *permite* nuestros sufrimientos porque Él es amor. Todo lo que hace es por Su bondad y para nuestro beneficio. Fuimos creados a Su semejanza e imagen. Es así como somos capaces de hacer algún bien en la tierra—imitándolo y viviendo de acuerdo a la naturaleza de donde venimos. Cuando la gente hace cosas con malicia, esas cosas no provienen de Su inspiración o guía, suceden porque algo salió mal a lo largo del camino, cuando los humanos decidieron desobedecerlo y comenzaron a actuar en contra de Su voluntad. El sufrimiento en sí mismo vino como consecuencia del mal proveniente del pecado original; sin embargo, de Su bondad, en Su sabiduría y en Su deseo de crear algo nuevo, Dios enmienda y guía las cosas hacia un bien mayor. Dios sana y transforma. Aún en situaciones difíciles, Dios puede extraer algo bueno hasta que este evento se convierta en portador de paz. A pesar de la gran oscuridad, Él creó la luz (Génesis 1:3).

En justicia y misericordia Dios *anunció* a la serpiente, a la mujer y al hombre lo que les iba a suceder a continuación. A nivel humano, en el momento presente —en "este valle de lágrimas," como dice la oración—, las transgresiones y las malas acciones deben estar necesariamente conectadas con la justicia (Génesis 3:14-19). Sin justicia no hay libertad y sin libertad no podemos amar ni ser felices, porque como hemos visto en el primer capítulo, uno de los elementos para realmente alcanzar la felicidad y para vivir en verdadero amor, es experimentar libertad interior.

El sufrimiento en sí mismo es una manifestación de nuestra esencia más íntima. Es un "sello" de nuestra humanidad, pues es algo así como un reconocimiento de que somos criaturas inteligentes y favorecidas. Somos libres de tomar nuestras propias decisiones porque Dios no obliga a nuestro libre albedrío (Lucas 1:26-38) ni a la consecuencia de nuestros actos (2 Samuel 11-12); sin embargo, cuando aplicamos esta misma inteligencia, el sufrimiento tiene el potencial de ayudarnos a acercarnos a Dios. Puede transformarse en una herramienta para la santidad, al separar nuestros pensamientos de la forma de pensar del mundo y enfocar nuestra atención en Dios y el cielo (Mateo 16:21-24).

Por ello no debemos asumir que Dios quiere algún tipo de sufrimiento para nosotros (Santiago 1:13 "porque Dios ni es probado por el mal ni prueba a nadie"), ni debemos infligirnos dificultades, especialmente cuando no tenemos ningún indicio de pensar que Él nos está invitando a hacerlo. Si lo hiciéramos estaríamos desviando nuestra atención de lo que Dios realmente desea para nosotros y de lo que verdaderamente le daría gloria. Sin embargo, una vez que Dios permite algún tipo de sufrimiento, entonces se une a Su Santa Voluntad, a una nueva realidad. En este sentido, adquiere un aspecto realmente noble —incluso un aspecto divino—porque como dijimos, El encontrará una manera de transformarlo.

Referente a ésto, el sufrimiento debe estar conectado con Dios de tal manera que sólo sea beneficioso para nosotros cuando no lo "planeamos," sino que más bien actuamos en "obediencia." Creemos que Dios nos permite experimentar dolor cuando no hay forma de escapar de él—habiendo buscado diligentemente alguna solución, mientras practicamos con fe los sacramentos. Este tipo de sufrimiento en sí, debe venir de "arriba," dispuesto por la Providencia; entonces es cuando sigue el plan divino y, por tanto, puede ser fuente de santidad. Si imaginamos este tipo de sufrimiento viniendo de Sus amorosas manos, podría inspirarnos un sentido de confianza y mayor amor.

Confiamos en que Dios tiene un plan para nosotros, cuando sentimos un "llamado" al que no podemos resistir. Si actuamos de acuerdo con nuestro papel en la vida, cumpliendo con los deberes que estamos seguros que Dios espera de nosotros, lo honraremos. Del mismo modo, si soportamos las dificultades que encontramos y que no podemos prevenir, alineamos nuestra voluntad con la suya. (1 Pedro 2:20)

Entonces, debe haber una cualidad de "obediencia" combinada con "paciencia." Además de los momentos en los que no podemos evitar el sufrimiento, hay momentos en los que unimos nuestra voluntad para seguir un orden o reglamentos, como el ayuno, la abstinencia, o cuando decidimos negarnos a nosotros mismos algunas comodidades para ejercer una caridad o una labor en favor de otra persona; entonces en nuestro interior—cuando voluntariamente le damos a nuestro sufrimiento un propósito—elegimos hacerlo fructífero. Los unimos a los sufrimientos de Nuestro Señor, Quien los santifica.

La lectura de la carta del apóstol Santiago 5:7-11 nos dice: "Tened, pues, paciencia, hermanos, hasta la venida del Señor. Mirad: el labrador espera el fruto precioso de la tierra aguardándolo con paciencia hasta recibir las lluvias tempranas y tardías. Tened también vosotros paciencia; fortaleced vuestros corazones porque la venida del Señor está cerca. No os quejéis, hermanos, unos de otros, para no ser juzgados; mirad que el juez está ya a las puertas. Tomad, hermanos, como modelo de sufrimiento y de paciencia a los profetas, que hablaron en el nombre del Señor. Mirad cómo proclamamos felices a los que sufrieron con paciencia. Habéis oído la paciencia de Job y sabéis el final que *el Señor le dio; porque el Señor es compasivo y misericordioso.*"

Algunas personas se han sentido llamadas por Dios a ofrecer sus sacrificios o sufrimientos, como una forma de participar de Su Voluntad y Su plan divino. Ven su dolor como un medio para glorificar a Dios. Todos estamos llamados a ofrecer los sufrimientos que se nos presentan, pero hay quienes sienten una inspiración de ofrecer más, de ir "una milla extra."

Esta es una inspiración especial que el Espíritu Santo puede dar a algunas almas escogidas, aunque no es para todas. Si alguien siente este deseo de compartir de alguna manera en los sufrimientos de Nuestro Señor y consolar Su Corazón, deben ejercitar la prudencia y buscar la guía de un director espiritual sabio, que pueda ayudarle a discernir y protegerlo mediante la obediencia.

El Catecismo de la Iglesia Católica nos dice: "Dios da incluso al hombre el poder de participar libremente en su providencia, confiándole la responsabilidad de "someter" la tierra y tener dominio sobre ella. Dios permite así a los hombres ser causas inteligentes y libres para completar la obra de la creación, para perfeccionar su armonía para su propio bien y el del prójimo. Aunque a menudo son colaboradores inconscientes de la voluntad de Dios, también pueden entrar deliberadamente en el plan divino mediante sus acciones, sus oraciones y sus sufrimientos. Entonces se convierten plenamente en "colaboradores de Dios" y colaboradores de Su reino."[2]

El mensaje anterior explica cómo podemos ser libres incluso cuando sufrimos. Tenemos dos opciones. Podemos solamente "sufrir." O podemos sufrir en libertad. A veces el miedo al sufrimiento puede ser mayor que la causa del sufrimiento mismo. Esto significa que Nuestro Señor nos invita a sufrir felizmente, ofreciendo a Dios libremente lo que nos aqueja. Él ha preparado todo para nosotros con todo Su poder y siempre estamos en Su Presencia. Estas tres verdades—la omnipotencia, omnisciencia y omnipresencia de Dios—pueden inspirarnos a ser pacientes en el sufrimiento, sabiendo que Dios es más poderoso que cualquier problema que enfren-

---

2. *Catecismo de la Iglesia Católica*, 2.ª ed. (Washington, DC: Conferencia Católica de los Estados Unidos, 2000), 307.

temos o que, en última instancia, utilizará para un propósito mayor.

Cuando Nuestro Señor profetizó cómo moriría, nos pidió que tomáramos nuestra cruz diaria y lo siguiéramos (Lucas 9:23). Si le llamamos "Señor," entonces es porque lo queremos obedecer. El también nos pidió que seamos perfectos, como el Padre Celestial es perfecto (Mateo 5:48). Cuando Jesús dice "tomar" la cruz, significa que es una acción voluntaria. Elegimos unir nuestros dolores a los de Cristo, porque no podemos evitar el sufrimiento en nuestra vida, sin importar lo que hagamos o cómo nos sintamos, lo queramos o no. A veces, el sufrimiento conduce a grandes resultados. Esto lo vemos en los partos, en las cirugías, en el clima antes de la lluvia y en las flores después de la lluvia. Tomamos nuestro sufrimiento, que es nuestra cruz, y se lo damos a Dios, para que Él pueda bendecirlo y hacer de él algo hermoso, dentro de nosotros.

En la Cruz de Jesús vimos cómo la paciencia en el sufrimiento está ligada a la misericordia. A través de este sacrificio Dios reconcilió al mundo consigo mismo y nos hizo posible unir nuestras propias cruces a los méritos de Nuestro Señor. Por Él podemos ser caritativos con los demás—con aquellos con quienes interactuamos, con aquellos a quienes servimos e incluso con nosotros mismos. Cuando somos pacientes con quienes dependen de nosotros, digamos primero los niños, les enseñamos a aprender a tener paciencia mediante juegos y experimentos, pero especialmente con nuestro ejemplo. Cuando somos pacientes con las personas mayores, aprendemos de sus experiencias mientras aceptan pacientemente nuestra ayuda o cuando esperan sus medicamentos. Cuando somos pacientes con nosotros mismos, aprendemos a aceptar nuestros propios defectos y errores, lo que moverá nuestro corazón a ser compasivos y pacientes con los demás.

Incluso cuando podemos empezar a practicar la paciencia como una virtud natural, puede volverse sobrenatural. Una madre espera a su hijo con paciencia, no se apresura ni un minuto en la formación del cuerpo del bebé. Y como dice la Sagrada Escritura, un agricultor no puede apresurar el crecimiento de una planta (Marcos 4:26-33). Con paciencia soportamos nuestro trabajo, y con paciencia esperamos nuestra recompensa. Llegamos a la vejez con paciencia, y muchas veces debemos sufrir las enfermedades con paciencia.

Para comprender mejor nuestro propio sufrimiento y cómo podemos convertirnos en "colaboradores de Dios," veamos primero la vida del justo Job en el Antiguo Testamento. Al inicio del relato Job sufrió al verse despojado de sus bienes y propiedades; luego fue herido en su familia; después de eso su propio cuerpo fue descomponiéndose, y al final sintió un abandono total. Cuando le preguntó a Dios sobre esto, su naturaleza humana quería "comprender" algo que estaba más allá de su comprensión.

Nosotros, como humanos, tenemos la tendencia natural de cuestionarlo todo, no solo porque fuimos creados a la imagen de Dios y tenemos una mente creativa, sino también porque ante el sufrimiento queremos darle una explicación, un significado. Queremos arreglar las cosas, para tener un sentido de recuperar el control de lo que se perdió, y si no podemos explicarlo nos sentimos vulnerables y desorientados. Por ejemplo cuando tratamos de "darle sentido" al sufrimiento masivo causado por los humanos a través de la historia, cuando la causa de todo el sufrimiento en conjunto es responsable por cada sufrimiento individual. Estamos en esta búsqueda constante de *la verdad* que nos hace libres, de la misma manera que buscamos la felicidad, la belleza, la paz y el amor. En lo más íntimo de nuestro ser reconocemos que cuando alcancemos el conocimiento pleno deseado, ya no habrá miedo al dolor. Nuestro cuestionamiento surge de un deseo más profundo: en realidad estamos en búsqueda de un camino de regreso al Jardín del Edén, antes de la caída.

Dios permitió los sufrimientos de Job, no para poner a prueba su lealtad, sino para que Job conociera su propia devoción y resiliencia—para servir de testigo ante sus adversarios de su inamovible amor por Dios. Hubo un buen resultado después de su gran sufrimiento. Job experimentó desolación y sólo la voz de Dios pudo consolar su espíritu. Soportó muchas dificultades, como perder sus riquezas, sus hijos, su salud y su reputación; sin embargo, nunca maldijo a Dios ni renunció a su fe. Job no comprendió el plan de Dios, porque vivía bajo la antigua alianza. Jesús es la nueva alianza y compartió los mismos sufrimientos que Job, pero los perfeccionó. Por Cristo, todo sufrimiento puede ser redimido y santificado. Job declaró en su agonía: "Desnudo salí del seno materno, y desnudo volveré a él." (Job 1:21). Jesús cumplió y trascendió estas palabras en los dos misterios mayores de nuestra salvación: Su nacimiento en un establo sin ropa (Lucas 2:7) y Su muerte en una cruz despojado de ella (Juan 19:23). La máxima *humildad*. La máxima *humillación*. Las palabras de entrega de Job presagiaron la vida de Jesús y en cierto modo profetizaron los misterios redentores.

Además, al considerar el contraste entre el viejo y el nuevo Adán, conviene remitirnos al relato del Génesis (3:14–19), donde la serpiente simboliza el pecado. Una bendición es fuente de vida; su opuesto, la maldición, implica una carencia de ella. Todo lo que Dios crea es vivificante y bendito; en cambio, el pecado es destructivo y conduce a la muerte. Por eso la serpiente, como figura del pecado, queda bajo maldición a causa de su propia acción. Estamos llamados a 'escuchar' con los oídos del alma, para reconocer que la palabra de Dios en este pasaje es pura bondad y consuelo, pues cada palabra que procede de Dios es una expresión de amor. En ella se nos revela que tenemos a un gran protector que ha despojado al pecado de su poder. Por Su palabra, el pecado se arrastra y se oculta en el polvo —es decir, en el hombre formado de la tierra—, pero no puede coaccionar nuestra voluntad.

El sufrimiento de la antigua Eva está representado por el momento del parto de la mujer y por su sumisión al hombre. Los sufrimientos del antiguo Adán están representados por el trabajo agotador. Estos sufrimientos se transmiten incluso a las generaciones actuales. Pero aquí encontramos la diferencia principal entre los antiguos y nuevos Adán y Eva. Porque el Adán en el antiguo testamento cayó en lo más profundo del pecado; y el nuevo Adán, que es Jesucristo, fue levantado de la tierra en la Cruz para restaurar nuestra humanidad del pecado (Juan 12:32). Así, Nuestra Señora dio a luz a su Hijo sin dolor, y permaneció virgen incluso después del nacimiento, porque la suya era una misión diferente: ser la única y exclusiva Madre de Dios Hijo. Como dice el libro de Isaías en el capítulo 66 versículo 7: "Antes de tener dolores dio a luz, antes de llegarle el parto dio a luz a un varón." También Ezequiel 44:2: "Y Yahvé me dijo: Este pórtico permanecerá cerrado. No se le abrirá, y nadie pasará por él, porque por él ha pasado Yahvé, el Dios de Israel. Quedará, pues, cerrado." Tampoco se sometió a ningún hombre, pues su obediencia estaba enfocada solamente en Dios, pero se derramaba hacia aquellos que estaban a su alrededor. (Lucas 1:39-40)

Y como Dios le dio al antiguo Adán la misión de llenar la tierra y sojuzgarla (Génesis 1,28), le dio a Su Hijo una misión diferente, que también fue única: anunciar la buena nueva del reino de Dios. "Pero él les dijo: "También a otras ciudades tengo que anunciar la Buena Nueva del Reino de Dios, porque a ésto he sido enviado."" (Lucas 4:43)

Al contrario del antiguo Adán, el nuevo Adán revela que Su yugo es suave y su carga ligera (Mateo 11:30). Él es la Nueva Alianza. Nosotros somos la nueva creación, descendencia adoptiva de Dios. Todos tenemos un nuevo parentesco, una nueva familia, hecha para regresar a nuestro esplendor bautismal, para regresar al paraíso. La Cruz y el sufrimiento de Nuestro Señor nos abrieron las puertas del cielo. Hay filósofos que afirman que el sufrimiento es tan vital para nosotros, que no podemos entrar al cielo sin él, porque a través del sufrimiento nos conformamos más estrechamente con Jesús, el Cristo. Hay una razón, para nuestro propio beneficio, por la cual Jesús decidió conservar las marcas de Su crucifixión incluso después de Su resurrección, casi como una señal para nosotros, para que Lo pudiéramos reconocer en nuestro propio sufrimiento.

Examinemos más de cerca esta pregunta: ¿Cómo podrían Nuestro Señor y Nuestra Señora experimentar el sufrimiento? ¿Pueden ellos sufrir de alguna manera en la gloria celestial?

Para responder a esto, debemos tener una comprensión clara de lo que significa la felicidad, como vimos en el primer capítulo. Nuestro Señor Jesús eligió sufrir en Su naturaleza humana, cuando soportó la pasión y la muerte. Su sufrimiento no le fue impuesto, sino aceptado libremente. Practicó ayunos y otras penitencias, y ofreció cada momento de Su vida como sacrificio voluntario, hasta el momento final en la Cruz.

Soportó la agonía espiritual, quizás incluso más que el dolor físico, porque conocía el verdadero significado del amor y la pureza de la Santísima Trinidad. Vio la gravedad de los pecados y las ofensas contra Dios. Algunos devotos dicen que Su amor a Dios Padre y Su deseo de salvar a Sus hermanos humanos le hicieron soportar Sus heridas corporales con gozo espiritual, y que el dolor que sintió fue eclipsado por Su amor. Estaba tan dedicado a Su misión que utilizó cada momento de Su sufrimiento para nuestra salvación. Esa fue Su Pasión. Él está tan enamorado y amó tanto que aunque Su dolor fue tan grande, se "olvidó" completamente de Sí mismo y se entregó plenamente por los demás.

Entonces preguntamos: ¿Existe la posibilidad de que los

sufrimientos de Nuestro Señor y Nuestra Señora no hayan terminado todavía?

Cuando Lázaro murió, Jesús lloró. Esas lágrimas probablemente reflejaban más Su divinidad que Su humanidad. No reprimió Su llanto, porque experimentó plenamente los sentimientos humanos y comprendió en carne propia el dolor de la pérdida humana. Él vino a la tierra como hombre, para santificar nuestra naturaleza humana y para salvarnos, entregándose a sí mismo en sacrificio por nuestros pecados. Pero como Dios, Él realmente puede unirse a nosotros y unirnos a Él. Como hombre sintió empatía por los sufrimientos de los demás; pero como Dios, Su sufrimiento se volvió "uno" con el de los demás. Así nos une en la Sagrada Comunión. Él está feliz con nosotros cuando estamos felices y nos da consuelo cuando estamos tristes. Él se regocija en nuestro gozo y le damos gloria cuando confiamos en Él reconociendo que puede ayudarnos, porque Él es Dios. Probablemente se apareció a Santa María Magdalena en Su tumba porque las lágrimas de ella tocaron Su amoroso corazón y no pudo resistirse a traer consuelo a su espíritu (John 20:11-16). Su corazón se acerca a los que sufren. (Salmo 34:18-19).

En la historia, recientemente encontramos la aparición de Nuestra Señora de La Salette. Este evento ocurrió en 1846 en los Alpes Franceses, donde dos pastorcitos llamados Mélanie Calvat y Maximin Giraud vieron a la Virgen María. Se les apareció llorando, cubriendo su rostro, y dándoles un mensaje de arrepentimiento. Ella llamaba a la gente a regresar a Dios, a mantener santificado el día de descanso, y a evitar el pecado.

En el Cielo tienen conocimiento de nuestras transgresiones. Existe la posibilidad de que los santos sufran por nosotros porque saben que ofendemos a Dios. La misma comunión de los Santos les permite unirse a nuestros dolores. Nuestro Señor deseaba estar plenamente conectado con nuestras aflicciones, experimentándolas en Su propio cuerpo; y Dios quiso compartir esas aflicciones con Nuestra Señora de manera mística (Lucas 2:35).

Una manera de mostrar nuestro amor a Nuestro Señor y darle gloria, es confiando en Él: sabiendo que Él es Dios y que Él tiene todo el poder, uniéndonos voluntariamente a Su Santa voluntad, y permitiéndonos sentirnos amados por Él. Y así como podemos compartir el dolor de nuestros semejantes, aún cuando nuestro corazón es de carne, Él ha querido ser "Uno" con nosotros. Dice Juan 6:56 "El que come mi carne y bebe mi sangre, permanece en mí, y yo en él." A Dios no le falta nada ni necesita nada, pero en este gran misterio, si fuera posible, veríamos a un Dios que sufre, precisamente por el género humano que sufre. Su amor es inmenso.

La empatía emana de la caridad, se centra en la otra persona sin perder su propia individualidad. Santa Edith Stein, OCD (Canonizada como Santa Teresa Benedicta de la Cruz) dice que la empatía no es ni *Simulación*, como cuando caminas en los zapatos de la otra persona y juzgas en base a tus propias experiencias,[3] ni *Lectura de la Mente*, como cuando infieres por analogía sobre lo que la otra persona podría o no estar sintiendo, en base a lo que tú sientes.[4] Explica que la empatía es "la experiencia de una conciencia ajena, en general,"[5] de la misma manera que "experimentamos" nuestros propios recuerdos que pertenecen al pasado y ya no son parte de nuestra nueva realidad. Esto, como ya se ha dicho, se basa en la caridad, y todas las huestes del Cielo son agraciadas con ésta.

Quizás en el Cielo el sufrimiento tenga una cualidad diferente, porque allí todo está en perfecta armonía con la

---

3. Edith Stein, *Sobre el problema de la empatía*, trad. Waltraut Stein, reimpresión (Berlín, Alemania: Springer Science+Business Media, 1964), 23–24.
4. *Id.* en 25-26.
5. *Id.* en 11.

Voluntad de Dios. Y en Su infinita sabiduría, Él tiene el conocimiento total de todo. Quizás Dios hubiese experimentado dolor cuando los ángeles se rebelaron contra Su amor, y no tanto por su desafío, sino por el resultado del mismo, porque al rechazarlo, serían ellos los que perderían más; Él quiere compartir Su amor, mas ellos mismos se privaron de la felicidad. En el Apocalipsis 12:3-4, vemos que una tercera parte de los ángeles cayeron, pero tendemos a ignorar el hecho de que el doble de esa cantidad de ángeles permaneció fiel... como Dios es fiel. Este es un ejemplo fantástico de lo que se expresa en Romanos 5:20 "Pero donde el pecado abundó, sobreabundó la gracia."

Podemos decir que si Dios pudiera sufrir, entonces Dios Padre y Dios Hijo y Dios Espíritu Santo sentirían el mismo sufrimiento, porque pertenecen a la misma familia, pertenecen a la misma Santa Comunidad. Nuestra Señora pudo sentir el sufrimiento de Dios Hijo y de la humanidad de la misma manera que la humanidad puede sentir el sufrimiento de Dios Hijo. Porque el Señor es el puente que nos une a todos. Él es verdaderamente hombre y verdaderamente Dios. Gracias a Él, Nuestra Señora está asociada a Su sufrimiento redentor. Si no fuera por el sufrimiento que Él padeció, ella no habría sufrido.

Jesús en Su libertad supo y aceptó lo que iba a sufrir. Y creo que Nuestra Señora también sabía, al menos un poco, de lo que le iba a tocar sufrir a Él, por lo que podemos "percibir" en las bodas de Caná. Ella sabía que Nuestro Señor era capaz de hacer el milagro que hizo. Ella sabía que Él iba a hacer este primer milagro al momento en que ella lo pidiera, tal vez sólo porque sabía lo obediente que es. Jesús le dijo "aún no ha llegado mi hora," a lo que ella respondió con toda serenidad, sin sorprenderse de Sus palabras, las que hoy conocemos como las últimas palabras de ella en la Sagrada Escritura: *"Haced lo que Él os diga."* (Juan 2:5).

Como miembros de la misma familia espiritual, la Iglesia,

estamos conectados por nuestro sufrimiento común. Podemos empatizar con el dolor de los demás porque compartimos el mismo amor. Este amor nos une y nos da esperanza. Pero el sufrimiento va más allá del umbral de la vida. En el purgatorio las almas ven la necesidad de acercarse al amado. El alma puede alcanzar un estado de pureza antes de abandonar la tierra; pero si aún no está lista, el alma buscará estar limpia y perfecta. El alma iría voluntariamente al sufrimiento del purgatorio por ese ferviente deseo de recuperar su belleza bautismal y unirse a Dios.

Santa Teresa de Lisieux afirmó que uno puede ir directamente al cielo si se deja purificar por el fuego santificador del Amor Misericordioso en lugar del fuego purificador del purgatorio;[6] si bien es cierto que el amor de Dios es perpetuo y abarcador como dijimos en un capítulo anterior, también hay que tener cuidado de no concluir una actitud de *sola fide* hacia tal amor. Además de la verdad que dijo la florecita, también debemos estar atentos a: (1) mantener una conciencia limpia después de recibir los sacramentos, al igual que al momento de su recepción, (2) hacer todo para la gloria de Dios y (3) arrepentirnos de cualquier pecado, aún venial.

Por esta misma verdad que buscamos constantemente —que al mismo tiempo, esta búsqueda representa para nosotros una necesidad y un deber—, nuestra visión se vuelve más clara. Reconocemos que sin Dios no somos nada, que venimos del barro, que tenemos muchos defectos y limitaciones, y que nuestra belleza es un regalo de Él, no un mérito nuestro. Cuanto más nos acerquemos a Dios más lo conoceremos y rechazaremos incluso los pecados veniales porque evitaremos cualquier ofensa cometida contra Quien es puro amor,

---

6. Michael E. Gaitley, *33 días hacia el Amor Misericordioso: Un retiro personal en preparación para la consagración a la Divina Misericordia* (Stockbridge, MA: Marian Press, 2016), 78–79.

aunque la falta sea considerada pequeña. Al hacer ésto, empezaremos a pensar como lo hicieron los Apóstoles, que dieron testimonio al mundo y pudieron convertir los corazones de muchos debido a que soportaron sus sufrimientos por amor y para difundir la verdad.

Los Apóstoles veían los sufrimientos, los golpes y los castigos como un privilegio de compartir los sufrimientos de Cristo y no les tenían miedo, porque decían: "por quien hemos obtenido también, mediante la fe, el acceso a esta gracia en la cual nos hallamos, y nos gloriamos en la esperanza de la gloria de Dios. Más aún; nos gloriamos hasta en las tribulaciones, sabiendo que la tribulación engendra la paciencia; la paciencia virtud probada; la virtud probada, esperanza." (Romanos 5:2-4) Para alegrarnos de nuestros sufrimientos, necesitamos comprender cómo Cristo se unió a nuestros sufrimientos; y sólo porque Él lo hizo es por lo que podemos llegar a ser verdaderos colaboradores de Dios y Su reino.

Podemos obtener conocimiento y fortaleza al meditar en la pasión de Jesús, que nos muestra que Él soportó voluntariamente todo tipo de dolor por nuestro bien. Cumplió y superó las pruebas de Job, quien representa la esencia humana del sufrimiento. Él hizo esto por Su infinito amor y misericordia por nosotros. Comencemos por contemplar los misterios dolorosos y el Via Crucis. A Él no se le facilitó el sufrimiento por el hecho de ser Dios. La expiación tenía que ser hecha por Dios, no sólo porque los pecados eran demasiado grandes para que cualquier humano pudiera repararlos, sino porque como dijimos también antes, esta expiación tenía que ser hecha sólo por Dios, digna de Dios; pero los sufrimientos debían ser soportados por la humanidad de Jesús, ya que fue la humanidad la que pecó. Estaba "revestido" de nuestra humanidad y compartió nuestro dolor.

El Monte de los Olivos fue el lugar donde nuestro Señor Jesús pasó por la agonía de la condición humana y experimentó el peso de nuestros pecados. Quería cumplir Su misión de amor y redención y esperaba ansiosamente esta hora. Sufrió tanto en Su alma como en Su cuerpo, mostrándonos cómo aceptar el sufrimiento con valentía y fe.

Al sufrir de este modo, se unió a todos aquellos que padecen, tanto en el cuerpo como en la mente. Experimentó una profunda angustia interior, al saber lo que estaba por sucederle: la tortura física a manos de los soldados y la aceptación voluntaria de cargar sobre Sí mismo todos los pecados del género humano como si fueran propios.

Con el sufrimiento que soportó en este lugar, se unió a todas aquellas personas que han sido injustamente sentenciadas, y saben el castigo que se avecina. Se unió a todas aquellas personas que no saben orar, o cuando sienten que sus oraciones no son escuchadas. Se unió también a todas aquellas personas que sufren porque nadie cree en su inocencia, o a las personas que han sido difamadas... pues Él estaba a punto de ser acusado de mentiroso y falso. Además, aquí se une a todas las personas que se sienten ignoradas, porque Él fue ignorado cuando pidió a Sus discípulos que permanecieran despiertos y orando.

Durante el juicio, Él se unió a todas las personas que tienen juicios injustos, y a todas las personas que han sido expuestas públicamente a la ofensa cometida. También a todas las personas a las que se les niega el derecho a ser escuchadas, o a las que se les ha obligado a guardar silencio; de esta manera se unió a todas las personas que han sido privadas de su libertad, a las que han sido silenciadas para siempre, y a todas aquellas personas que han tenido algún tipo de dolencia que les impide comunicarse. Con todo esto, Jesús hizo perfecto el sufrimiento de Job cuando era criticado por sus amigos y familiares.

Cuando Jesús carga la Cruz, se une al pueblo que sufre cargas demasiado pesadas para sobrellevar; personas que tienen que realizar tareas superiores a sus fuerzas, o algún tipo de castigo demasiado difícil de soportar; a todas esas labores pesadas, o cuando la responsabilidad de algún tipo es demasiado pesada de llevar.

Cuando cayó por primera vez bajo el peso de la Cruz, se unió a todos los que sufren por haber caído en algún pecado; a aquellos a quienes les pesa mucho la conciencia, y los sufrimientos que se causan a consecuencia de esa caída. Se unió a todas aquellas personas que sintieron fallar en algún aspecto de su vida, en su trabajo, en su familia, y aunque todo ésto exista solo en su mente, el sufrimiento es real, y a veces el dolor es mayor que sus fuerzas.

En el momento en que encontró a Su Madre, se unió a la gente que está separada de un ser amado; quiso asociarse a todos aquellos que sufren cuando se han alejado de alguna persona por las circunstancias, o sólo por un malentendido; también a todas las personas que sufren porque pueden ver a otras personas sufrir por ellos; a veces ese sufrimiento es más difícil de soportar que la propia dolencia. Se unió también a todos aquellos que han perdido a una persona, familiar o amigo muy querido y cercano. La separación de los cuerpos es fuente de dolor para quienes la experimentan, pues esto representa un cambio radical, para el cual tal vez no se estaba preparado.

La humillación de necesitar la ayuda de otra persona es parte del sufrimiento que experimentó Jesús cuando Simón de Cirene cargó Su cruz. A veces nos sentimos impotentes o inadecuados para hacer algo por nuestra cuenta y necesitamos aceptar nuestras limitaciones. Otras veces sentimos el resentimiento o disgusto de la persona que nos está ayudando, porque alguien más la obligó a ayudarnos o porque nos menosprecia por nuestra apariencia o personalidad. Así fue como Jesús perfeccionó el sufrimiento de Job cuando sintió que sus amigos lo despreciaban por sus heridas y aflicciones.

Jesús quiso compartir nuestro sufrimiento cuando Verónica le secó el rostro. Sintió la compasión y empatía de los que presenciaron su agonía. También sintió una conexión con todos aquellos que sufren en este mundo y en el más allá. Se unió a todos aquellos que se sienten impotentes por no poder hacer más por los demás, cuando lo desean hacer pero no les es posible.

Cuando Jesús cayó por segunda vez, quiso unirse a todos los que sufren por volver a caer en algún vicio o pecado. También quiso consolar a quienes recaen en alguna enfermedad que creían curada, y a quienes soportan esta carga en su carne o en sus familias. Sintió el dolor tanto de los afligidos como de sus seres queridos.

La compasión de Jesús por las hijas de Jerusalén muestra Su solidaridad con quienes sufren por las pérdidas o la incapacidad de ayudar a los demás. Esto incluye el dolor de la infertilidad, el aborto espontáneo o la interrupción del embarazo. También incluye la frustración de presenciar la incredulidad, la indiferencia o el rechazo de los seres queridos. Sólo aquellos que han experimentado estos dolores pueden comprenderlos plenamente. Jesús comparte su dolor y perfecciona el lamento de Job, que lloraba por sus hijos.

Cuando Jesús cayó por tercera vez, quiso unirse a nosotros, especialmente a las personas que sufren por una recaída importante, pues el peso de la Cruz se siente mayor por la falta de fuerzas. Por todas las veces que sentimos que apenas nos quedan fuerzas en nosotros mismos. Él se une a todos nuestros momentos de desolación—cuando sentimos que no podemos seguir, pero tenemos que continuar. Este sufrimiento está asociado también a una enfermedad o un duelo, a un divorcio o a un problema muy grave.

Cuando Jesús es despojado de Sus vestiduras, se unió a todas las personas a las que les han despojado de sus pertenencias; Se identificaba con todos aquellos que habían sufrido humillaciones o burlas públicas, ya fuera por sus rasgos físicos o por algo que los excluía de las normas sociales. Este tipo de dolor también es conocido sólo por quienes lo han padecido. Jesús perfeccionó el sufrimiento de Job cuando a este último le robaron sus posesiones materiales.

Cuando Jesús fue clavado en la Cruz, quiso unirse a todas las personas que sufren porque están confinadas en una silla de ruedas, en una cama, en la cárcel. Este sufrimiento es como el de aquellos que no pueden moverse, o que no pueden moverse libremente. Aquí se unió también a todas las personas que no son libres de expresar sus emociones, sus sentimientos, o que se sienten atrapadas en un lugar, a pesar de la indiferencia o la injusticia. En el lamento de Jesús vemos cómo perfeccionó el sufrimiento de Job cuando se sintió abandonado por Dios.

Cuando Jesús murió en la Cruz, podemos unir todos nuestros sufrimientos derivados ya sea de la renuncia a un vicio o de un pecado o de la privación de algún bien corporal. En cierto sentido, "morimos" a nuestros deseos, a nosotros mismos. La Cruz de Cristo es fuente de gracia y fortaleza para nosotros que enfrentamos diversas pruebas y dificultades en la vida. Dios eligió el objeto más humillante y lo exaltó de tal manera que lo hizo digno de admiración. Como dice en 1 Corintios 1:23-25 "...nosotros predicamos a un Cristo crucificado: escándalo para los judíos, locura para los gentiles; mas para los llamados, lo mismo judíos que griegos, un Cristo, fuerza de Dios y sabiduría de Dios. Porque la locura divina es más sabia que los hombres, y la debilidad divina, más fuerte que los hombres."

El momento en que la Virgen María recibe en sus brazos el cuerpo sin vida de su Hijo es un momento de profundo dolor y compasión. Podemos compartir nuestro propio dolor y pena con el de ella, cuando enfrentamos la ausencia física o emocional de alguien que amamos, incluso si la persona está presente. También podemos compartir su angustia cuando experimentamos la falta de comunicación o comprensión con nuestros familiares o amigos, o cuando nos sentimos incapaces de expresarnos de forma clara y convincente.

La imagen del cuerpo de Jesús siendo depositado en la tumba es un regalo de Nuestro Señor, quien nos invita a unirnos a Él para aceptar los cambios en nuestras vidas. Podemos enfrentarnos a situaciones que escapan a nuestro control, o que nos impiden alcanzar nuestros objetivos como deseamos. Éste es el dolor del abandono, el dolor de la renuncia. Él quiere enseñarnos a confiar en Su plan, porque incluso cuando los discípulos no lo entendían, Él cumplió Sus promesa de Su resurrección al tercer día.

Nuestro Señor soportó toda clase de dolores y sufrimientos por nuestro bien—aún más de los que podamos imaginar. Al unir nuestras propias pruebas y tribulaciones a las de Él, podemos participar en Su obra redentora y ayudar a hacer avanzar el Reino de Dios en la tierra. Sólo estamos contemplando Sus sufrimientos en el Calvario, durante Su crucifixión y muerte. Hay muchos otros sufrimientos que padeció Nuestro Señor, pero yo quería exponer sólo algunas ideas, para que nos atrevamos a unir nuestras heridas a las Suyas.

Así como Dios permitió que Job soportara grandes pruebas para que éste pudiera mostrar su fidelidad a Él, así Dios Hijo eligió sufrir en Su humanidad para demostrar cuán fiel es Dios con nosotros.

La perfecta pureza de Nuestro Señor Jesús le permitió soportar Su sacrificio de manera impecable, cumpliendo todas las cosas. Su humanidad fue sometida al máximo castigo, pero esto hizo más perfecta la expiación por los pecados de todo el género humano. Cuanto más pura sea la víctima, mejor será la expiación. Jesús nunca cometió pecado, pero quiso devolvernos la dignidad de ser hijos de Dios. Para ello tomó sobre Sí todos los pecados del género humano para ser flagelados en Su carne.

En el misterio de la Encarnación podemos ver cómo el sufrimiento de Dios tomó cuerpo en carne humana. Al hacerlo, Dios hizo una conexión perfecta entre nuestra humanidad caída y Su propio sufrimiento divino. Esta conexión es mutua pues nos permite participar del sufrimiento de Dios, así como Él estuvo dispuesto a participar de nuestro sufrimiento para redimirnos a través de él. El sufrimiento mismo "se hizo carne" en Él. Él vino a la tierra como un verdadero hombre, para que podamos unir a Él plenamente nuestros sufrimientos, configurarnos a Su persona y al dejarlo actuar en nosotros, ser como Él es.

Nuestro Señor, que soportó toda clase de sufrimientos y pruebas, es nuestro ejemplo perfecto de paciencia. Todos estamos llamados a ver a nuestros semejantes con amor y paciencia en esta breve vida. Incluso aquellos que han fallecido, sus cuerpos esperan pacientemente en sus tumbas el día de la resurrección. Jonás soportó pacientemente en el vientre de la ballena, y Lázaro pasó unos días en el vientre de la tierra, mientras esperaba pacientemente la venida de Nuestro Señor. Con qué paciencia sufrió el Señor Su Pasión—Ese cordero paciente, manso y humilde de corazón.

La sociedad ha impuesto reglas y aparente perfección según algunos estándares poco realistas; nos vemos en la necesidad de ajustarnos a la belleza y a las personalidades establecidas a las que nos sentimos obligados a alcanzar. Esto puede ser causa de estrés y gran sufrimiento al intentar cumplir esas altas expectativas. Sin embargo, para recobrar la paz interior es bueno recordar que el pensamiento *del mundo* es diferente al pensamiento de Dios. Y Él, tan justo y amoroso como Es, no se fija en esos estándares sino que más bien desea nuestra santidad. De esta manera, todas esas reglas sociales impuestas, indirectamente pueden servir como los medios necesarios para ofrecer nuestros sufrimientos y acercarnos a Dios, viviendo una vida de acuerdo a *Su* Ley y a la verdadera perfección.

A veces queremos escapar de los desafíos y frustraciones de la vida. Pero podríamos usar esos momentos a nuestro favor, como oportunidades para crecer y conectarnos con Dios. Por ejemplo, si estamos atrapados en el tráfico, podemos sentirnos enojados y estresados por la situación. Pero podemos aprovechar ese momento de angustia para hacer un ejercicio espiritual, respirando profundamente, confiando en que Dios tiene un plan para nosotros y pensando que esto también pasará. Podemos usar ese tiempo para expresar nuestra gratitud a Dios por las bendiciones que nos ha dado, para admirar la belleza de Su creación que nos rodea y para reconocer Su presencia con nosotros. También podemos orar por las personas que vemos, pidiéndole a Dios que llene sus corazones—y el nuestro—con Su misericordia y paz. Al hacer esto, podemos cultivar la paciencia y la compasión en nosotros mismos y experimentar el amor de Dios en cada momento.

El teólogo Johann Baptist Metz dijo en su ensayo "El sufrimiento de Dios: Teología de la Teodicea" que la razón por la que Dios eligió a Israel fue porque mostraba cierta pobreza de espíritu. Al hablar de pobreza, Metz aclara que el pueblo no se deja consolar por las mitologías, sino que se cuestiona la posibilidad de que Dios permita el sufrimiento,[7] como lo dice en el Salmo 10, en Jeremías 12, en Job 7, y en Habacuc 1.

Pero el pueblo de Dios, al construir un becerro de oro hizo una superstición de la idea de rechazar el sufrimiento; pusieron su confianza en un becerro de oro para tratar de evitar el sufrimiento y atraer buena suerte. El pueblo de Israel de ese tiempo ancestral cuestionó el sufrimiento por la misma razón que nosotros lo cuestionamos en el presente. Aquí se revela una encrucijada interior: continuar bajo la lógica de la antigua

---

7. Johann Baptist Metz, "Sufrir por Dios: la teología como teodicea," *Pacifica: Australasian Theological Studies* 5, n.º 3 (octubre de 1992): 274–287, https://doi.org/10.1177/1030570x9200500303, 283.

alianza, o dar el paso hacia la nueva, siguiendo a Cristo. Porque no solo se trata de cuestionarlo todo, sino de encontrar a Dios en todas las respuestas. Cuando Nuestro Señor preguntó en Su humanidad a Nuestro Padre por qué Lo había abandonado, estaba purificando al género humano con Sus palabras, mientras daba respuesta en Su divinidad con Sus acciones redentoras, como en una conversación mística.

San Juan de la Cruz experimentó otro tipo de sufrimiento cuando dijo "muero porque no muero."[8] Anhelaba el momento de contemplar a Dios cara a cara, que hasta la muerte le sonaba dulce. Si bien pudo unir todos sus sentimientos, aspiraciones, alegrías y sufrimientos con Dios experimentando el estado de "unión" con Él—su carne era un recordatorio constante de su limitación para estar permanentemente en Su Presencia. Entonces, su sufrimiento era como ese fuego ardiente del amor, que no terminaba de consumirse hasta que su propia vida terrenal se consumiera en su totalidad. Este sufrimiento unido al del Señor puede constituir el purgatorio en vida.

El sufrimiento es una parte inevitable de la existencia humana, y puede redimir por cuanto voluntariamente lo unimos a los sufrimientos de nuestro Redentor. Al configurar nuestras vidas a Nuestro Señor—Quien nos llama a "compartir" de esta copa, como Él y sus discípulos lo hicieron en Mateo 26:27—somos invitados a elevar nuestros sufrimientos como ofrenda amorosa a Dios. También nos ha dado a muchos santos como modelos de cómo soportar el sufrimiento con valentía y determinación. Estos santos dieron testimonio de la verdad al mundo. No renunciaron a su fe, al grado de dar sus vidas por ella. Esta firmeza aumentó la fe, la esperanza, el amor en quienes conocieron sus vidas. Podemos aprender de sus

---

8. Gerald Brenan, *San Juan de la Cruz: su vida y su poesía*, trad. Lynda Nicholson (New York, NY: Cambridge University Press, 1973), 171.

ejemplos y seguir sus pasos para ofrecer nuestro sufrimiento a Dios. Santiago 1:12 dice: " ¡*Feliz* el hombre que soporta la prueba! Porque, superada la prueba, recibirá la corona de la vida que ha prometido el Señor a los que le aman."

Por tanto, podemos concluir que este trago amargo, esta experiencia dolorosa que a todos nos toca vivir llamada "sufrimiento," tiene su resolución en el amor: cuando Dios lo permite, es purificado por Su bondad; cuando lo experimentamos, estamos más configurados con Nuestro Señor Jesucristo; y si pedimos ayuda en nuestras oraciones, el Espíritu Santo nos traerá consuelo—y todo el Cielo se unirá a nuestro sufrimiento, de manera mística. Dios no nos abandona. Él está con nosotros todos los días, hasta el fin del mundo; por eso Él comparte los sufrimientos con nosotros, aquí y allá en el Cielo, porque Él es Uno. A veces el único sufrimiento que Dios nos pide es que nos amemos y nos aceptemos a nosotros mismos tal como somos, y que amemos y aceptemos a las personas que nos rodean, tal como son. Él no nos deja solos.

> "Estad siempre alegres. Orad constantemente. En todo dad gracias, pues esto es lo que Dios, en Cristo Jesús quiere de vosotros. No extingáis el Espíritu; no despreciéis las profecías; examinadlo todo y quedaos con lo bueno. *Absteneos de todo género de mal*. Que Él, el Dios de la paz, os santifique plenamente, y que todo vuestro ser, el espíritu, el alma y el cuerpo, se conserve sin mancha hasta la Venida de nuestro Señor Jesucristo. Fiel es el que os llama y es él quien lo hará."
>
> — 1 Tesalonicenses 5: 16-24

Ilustración de mesa. Generada mediante inteligencia artificial (Grok), con posterior refinamiento en ChatGPT.

IV. La Comunión

Llegando al puente

"Preparas ante mí una mesa, a la vista de mis enemigos..."

— Salmo 23:5

Mi esposo y yo construimos una hermosa mesa larga en la que fácilmente podrían sentarse al menos ocho personas. Construir una mesa no es una tarea fácil ya que requiere un número de elementos cruciales: una superficie resistente y estable para la comida y la bebida, unas patas fuertes y equilibradas que la soporten, y una estructura y un diseño que mantenga todo junto. Cuando nos sentamos a la mesa, nos damos un tiempo para relajarnos de las preocupaciones y disfrutar del momento. Este momento es tan importante para el desarrollo de un individuo que incluso se ha incorporado en el cuestionario médico para niños, para tener una idea de su salud mental. Tal importancia perdura incluso en la leyenda de los famosos Caballeros de la Mesa Redonda del rey Arturo, donde la forma redonda de la mesa enfatiza el hecho de que todos los caballeros eran iguales.

Hay algo especial en sentarse a una mesa con otras personas. Cuando una mesa está presente en un lugar santo, su propósito es ser utilizada para una ofrenda; está diseñada para dar, alimentar, bendecir. Así que cuando Jesús vió que las mesas del templo estaban siendo usadas para el comercio y la explotación, lleno de un celo justo, las volteó. De esta manera expuso que ya no cumplían con su intención pura, sino que se habían convertido en herramientas invertidas para servir a la avaricia, en lugar de la gracia (Mateo 21:12). Si percibimos la mesa del comedor como algo más que un mueble sino como un símbolo de conexión y comunión entre los participantes, entonces significa que cuando nos reunimos alrededor de ella con nuestros seres queridos compartimos no sólo comida, sino también nuestras historias, nuestros sueños, nuestro consejo y nuestra gratitud. Podemos formar vínculos de afecto y comprensión que nutrirán nuestras almas. En la mesa celebramos los grandes acontecimientos de la vida, damos la bienvenida a familiares y amigos y pedimos a Dios Su bendición.

Cuando reflexionamos en el versículo 5 del Salmo 23, notamos que primero se nos habla de una mesa que Dios prepara para nosotros, y luego se nos revela que esa mesa es dispuesta en presencia de nuestros enemigos. Esto nos permite entrever dos realidades: (1) por un lado, estamos llamados a esperar con paciencia mientras el Señor prepara lo que ha dispuesto; y por otro (2) podemos confiar en que Su poder es tal que nos guarda incluso en medio de quienes nos odian.

Además, hay similitudes sobresalientes entre este salmo y la parábola del hijo pródigo. Así como el padre en la palabra restaura la dignidad del hijo, Dios restaura también la nuestra: Él prepara una mesa para nosotros (Lucas 22:27), mientras el padre le regala a su hijo nuevas vestiduras y un anillo (Lucas 15:22-24). En ambas instancias, buscan hacer algo especial por el hijo haciéndolo sentir gozoso, porque si nos damos cuenta de que contamos con la verdadera felicidad, no trataremos de buscarla en lugares inadecuados. Ambos preparan un banquete, una mesa donde Dios pone todo en orden, permitiéndonos entrar en comunión con Él.

El término "Comunión" proviene del latín *"communio,"* que también está vinculado al griego *"koinos,"* que significa "común." Algunas personas han reducido el significado de este término, que tiene una raíz etimológica compleja, a "común-unión." Creo que esta es una expresión muy apropiada, porque simplifica el prefijo, el sufijo y la palabra compuesta en su definición: con- entero, con, juntos, en su totalidad; menos-cargo, servicio público; ion- acción y efecto. Todo esto quiere decir que es la unión de dos o más cosas en lo que tienen en común; también se conecta con la idea de comunidad, que en Griego es *"koinonia,"* ya que se define como el grupo de personas que comparten la misma religión o ideología.

Habiendo llegado a este punto—como alguien que se acerca a un puente—es adecuado hacer una pausa por un momento y considerar el camino que tenemos delante, y el terreno al que se nos invita a entrar. Al hablar de comunión, naturalmente pensamos en la Sagrada Comunión que recibimos en la Misa. Por lo tanto, dirigimos nuestra mirada hacia Cristo, quien eligió convertirse—Él mismo, en persona—en este Sacramento de Sacramentos. Y, como Él es el puente, la fuente y el modelo de toda virtud, surge en nosotros una invitación a contemplar cinco rasgos que lo caracterizan de manera singular: *sabiduría, obediencia, sacrificio, justicia y fidelidad*. Estos rasgos nos son concedidos también a nosotros, como una participación en Su vida, en virtud de la Encarnación del Verbo—a través de la cual asumió nuestra condición humana—tejiendo así Sus virtudes tanto en nuestra vida personal como en la historia de la humanidad.

Una de las características del ser humano es su naturaleza social, lo que implica que disfruta interactuar con otras personas que comparten sus intereses y aficiones. Entonces, al ser un elemento intrínseco de su humanidad, los seres humanos necesitan comunicarse con su medio ambiente y su entorno. Somos creados a imagen y semejanza de Dios, quien es comunión de tres personas y un solo Dios al mismo tiempo —como una familia. Además, cuando Dios creó a Adán, le sopló vida y dijo: "No es bueno que el hombre esté solo." (Génesis 2:18). Y le dio una compañera llamada Eva. También les ordenó que fueran fructíferos, que se multiplicaran y llenaran la tierra.

Todo fue creado en la infinita *sabiduría* de Dios, para y por medio de Jesucristo, el Verbo encarnado, Señor soberano de toda la creación. El universo entero, con todo cuanto contiene, es expresión de la bondad de Dios, de quien todo procede. Todo lo que existe remite a Él, que es el origen y el fin de todas las cosas

Jesucristo es, a la vez, fuente y guía de toda la bondad, engendrado del amor del Padre. Sólo por Su gracia podemos participar de Su vida, y únicamente a través de Él accedemos a la verdadera sabiduría, puesto que Él es Quien nos revela al Padre. Jesús, manso y humilde de corazón, nos conduce a la sabiduría a través del camino de la humildad —ya que en humildad Él inspira en nosotros la reverencia y respeto por Dios.

Él nos ayuda a vernos a nosotros mismos mas cercanos a la manera en que Dios nos ve, con nuestras fortalezas y debilidades, sin exagerar o minimizar nada, usando nuestros talentos sabiamente. Un santo no podría entrar al Cielo sin humildad, porque no sería honesto consigo mismo; tiene que ser la persona que fue creada a ser. La vanidad es enemiga de la humildad porque miente, creando ideas falsas en nuestra imaginación, haciéndonos querer ser admirados y elogiados por los demás por nuestra apariencia o nuestros logros. El famoso pianista Claudio Arrau decía: "La vanidad es el mayor obstáculo para un intérprete. Si estás seguro de ti mismo, de que lo que vas a decir es único, entonces no te importará si les gustas, si les impresionas o no. Sólo manifestarás tu mensaje y eso es todo."[1]

El misterio de la Encarnación estuvo en el plan de Dios desde el principio. Como dice San Juan: "En el principio existía la Palabra, y la Palabra estaba junto a Dios, y la Palabra era Dios. Ella estaba en el principio junto a Dios. Todo se hizo por ella y sin ella no se hizo nada de cuanto existe." (Juan 1:1-3) Dios ha dispuesto el orden de todo lo que existe, tejiendo todo en la inmensidad de Su amor. Él quiere vivir en nuestros corazones y no hay mayor amor que el suyo.

Según Su Plan y sabiduría creó al ser humano a Su imagen y semejanza. Formó al hombre a partir de arcilla—una combinación de agua y tierra. En nosotros habita esta agua viva que parece siempre estar en la búsqueda de lo más bajo en el suelo de nuestra naturaleza humana, y al mismo tiempo es capaz de elevarla a las alturas del Cielo en la contemplación, y lo hace suave y silenciosamente como las nubes cuando se elevan hacia el cielo, cuando Dios así lo quiere.

Dios le dio al hombre la capacidad de razonar y explorar el mundo con su mente. Cuando usamos nuestra inteligencia, lo honramos a Él y le damos gloria a través de Su creación. Cada invento o innovación que hace el hombre es posible gracias al don de la inteligencia que Dios nos otorgó. Dios inspira en nosotros todo lo que es bueno. Creo que más que inventar o construir algo nuevo, estamos destapando o "descubriendo" una realidad oculta—una realidad latente que Dios ya había diseñado.

Cuando Adán pecó, la corrupción entró en la creación. Todo era originalmente bueno y puro, hasta que el corazón humano se dejó alcanzar por el pecado. Podría parecer que un solo acto no bastaría para alterar el orden de todo; pero en un

---

1. Donald Sturrock, *The Art of Piano*, DVD (Idéale Audience, 1999).

mundo creado a la perfección, un acto de desorden frente a tal bondad fue suficiente para afectar todo. Dios creó todas las cosas buenas; sin embargo, el hombre, al rechazarlo, introdujo el desorden. Aun teniendo el conocimiento de Dios en Su presencia, ellos —al igual que nosotros— eligieron seguir pasiones desordenadas.

Dios nos atrae hacia la unidad, no hacia la división; Él reúne lo que está disperso. (Isaías 56:8; Juan 13:35) El estado original del universo era de *unidad* y orden, donde diversos organismos, grandes y pequeños, coexistían sin pecado, siguiendo las normas de la naturaleza que Dios estableció. Pero con la introducción de la corrupción, todo se volvió mortal. Cada criatura lleva ahora dentro de sí una semilla de muerte, que puede ser activada por una determinada causa. Esto se aplica a árboles, bacterias, animales e incluso estrellas. Galaxias enteras están condenadas a perecer y ellas también tienen su propia forma de morir. Como dice en Romanos 8:19-21: "Pues la ansiosa espera de la creación desea vivamente la revelación de los hijos de Dios. La creación, en efecto, fue sometida a la caducidad, no espontáneamente, sino por aquel que la sometió, en la esperanza de ser liberada de la esclavitud de la corrupción para participar en la gloriosa libertad de los hijos de Dios." (Romanos 8:19-21).

Pero ahora ya no hay escándalo, ahora esto es la norma, se ha vuelto "normal." La ausencia de escándalo ante tan atroz acto permitió que echara raíces la abominación del rechazo del amor. Esta fue una traición al vínculo más sagrado entre los seres humanos y Dios, un vínculo que debería haber sido apreciado y protegido. En cambio, fue descartado, dejando tras de sí un rastro de dolor y muerte.

Y aun así, la bondad prevalece (Romanos 5:20). A pesar de nuestros pecados—el mal que hemos dejado entrar en nuestros corazones—Dios es tan compasivo que nos ofrece Su perdón, sanación y vida en Su abundante misericordia, a través de Jesucristo.

Reconocemos que nada sucede sin el permiso de Dios, ni siquiera el más mínimo movimiento de una hoja. La ciencia no se opone a la fe. Dios realmente no sigue las reglas de la naturaleza y la física; Él es el creador, entonces estas reglas más bien fueron compuestas para explicar la naturaleza y los fenómenos que Dios diseña. Los descubrimientos científicos en medicina, astronomía, microbiología —desde el nivel atómico hasta el nivel cósmico—todas estas cosas sirven para revelar aún más la gloria de Dios. Seguimos tratando de comprender cómo todos estamos conectados con algo que está más allá de nuestra comprensión. A través de todas las generaciones en la historia, todos somos parte de un plan maravilloso. La raza humana cayó por su propia elección; pero Dios, por Su propia Palabra, quiso rescatarnos.

Podemos maravillarnos de cómo todo se hizo a la perfección. Todo funciona según su propio diseño. Si pudiéramos examinar la más pequeña de las criaturas en el mundo, pongamos como ejemplo al "oso de agua" que es un animal microscópico (o extremófilo), veríamos que su función es completa, pues es evidente que cumple el propósito para el cual fue creado, y de esa manera específica alaba a Dios. Esta diminuta criatura está en obediencia y de esta manera participa con su papel en la creación y permite la evolución.

Si empezamos desde la más pequeña escala y vamos hacia afuera, podemos ver cómo las interacciones microscópicas de átomos y moléculas dan forma a los fenómenos macroscópicos de la materia y la energía. Nuestro cuerpo es un sistema complejo compuesto de muchos sub-sistemas, cada uno con su propia función y papel. Por ejemplo, tenemos el sistema digestivo, el sistema inmunológico, el sistema esquelético, el sistema circulatorio, y así sucesivamente. Cada uno de estos sub-sistemas tiene diferentes componentes y procesos que trabajan juntos para mantener nuestra salud y bienestar. Incluso los elementos más pequeños, como las bacterias y la flora intestinal, también contribuyen al equilibrio de nuestro organismo. Y no sólo internamente. Nuestros elementos externos, como la piel, el cabello, las uñas, y las terminales nerviosas que se conectan con los cinco sentidos, también tienen funciones específicas y están constantemente activos, seamos conscientes de ellos o no, estemos despiertos o dormidos.

Podemos ir más allá: todos están conectados al cerebro. El cerebro nos permite responder a estímulos, pensar, movernos y soñar. Estas asombrosas funciones conforman al ser humano. Y cada ser vivo, desde los animales hasta los hongos, tiene sus propios componentes según sus "necesidades." Cada uno de nosotros es una obra de arte única. Pero los seres humanos somos más que un conjunto de órganos y sistemas: tenemos un alma, un espíritu que es invisible a nuestros ojos. Creo que si pudiéramos ver los espíritus, nos sorprenderíamos aún más. Pero incluso cuando no podemos verlos, Dios nos da el don de percibirlos, a través de nuestra conciencia y nuestra relación con Él.

El diseño de Dios para el cosmos se basa en el orden, la belleza y la armonía, siguiendo en consecuencia patrones que fueron catalogados como leyes naturales. Jesús, como Hijo de Dios y Verbo hecho carne, es el Rey del universo, Aquel que mantiene todo unido y da significado y propósito a todas las cosas. Jesús es la *obediencia* encarnada, porque todo lo que hizo fue por amor a Dios Padre y a Sus hermanos. Él fue obediente entonces como lo es ahora. Fue obediente a Su Madre en las bodas de Caná, y es obediente a Sus promesas, en la transubstanciación de las especies, en el momento en que el sacerdote pronuncia las palabras de la Consagración. Él es obediente al misterio de la redención, y fue obediente hasta su muerte en la Cruz. En Juan 6:38 dice: "porque he bajado del cielo, no para hacer mi voluntad, sino la voluntad del que me ha enviado"; y Mateo 5:17 dice: "No penséis que he venido a abolir la Ley o los Profetas. No he venido a abolir, sino a dar cumplimiento."

La obediencia no es una carga que "tenemos que llevar"; más bien, la obediencia es una salvaguardia. Cuando seguimos lo que se nos dice, nos estamos blindando con nuestras obras; nos guiamos por la ley que es justa. También es una salvaguardia porque lleva consigo una promesa. Como Cristo dijo en Mateo 7:21, "No todo el que me diga: 'Señor, Señor', entrará en el Reino de los Cielos, sino el que haga la voluntad de mi Padre que está en los cielos."

La obediencia perfecta está llena de amor, no de miedo. Este es el principio que nos guía en nuestro trabajo y nuestras relaciones. Obedecemos no porque tengamos miedo al castigo, sino porque respetamos y cuidamos a quienes nos dirigen. Obedecemos no porque nos veamos obligados a hacerlo, sino porque así lo elegimos. La obediencia perfecta es un signo de confianza, es una decisión tomada por nuestra propia voluntad y no una acción realizada bajo presión. Es una forma de expresar nuestra gratitud y lealtad hacia quienes se preocupan por nuestros mejores intereses.

Supongamos que nos tomamos un descanso de nuestra agitada agenda y damos un tranquilo paseo por el parque. Encontramos una banca y tranquilizamos nuestras mentes para apreciar el momento. Cuando nos centramos en nuestro entorno, en toda la creación, notamos cómo todo está en una armonía que aún no es perfecta, pero que aspira a serlo. Respiramos el aire fresco, sentimos la fragancia de las flores, de la hierba o del aire cuando ha llovido a lo lejos; escuchamos a los pájaros, a los grillos o a los demás animales que viven a nuestro alrededor, y que sólo podemos notar si hacemos una pausa y nos tomamos un tiempo; vemos la belleza de la naturaleza, o la majestuosidad de las altas montañas o la grandeza de las nubes, y lo asombrosos que son los árboles; sentimos los suaves rayos del sol, nos deleitamos con todo lo que nos rodea y, en cierto modo, nos volvemos "uno" con todo. Somos parte de esta comunidad de criaturas, como dijo San Francisco de Asís en su Cántico al Sol—refiriéndose a la luna, la tierra y el agua como sus "hermanas," mientras del mismo modo se refería al sol, el fuego y el viento como sus "hermanos."[2] También podemos ver el amor en las familias, cómo los padres toman de la mano a sus hijos y cómo se comunican entre sí; somos parte de todo eso, porque Dios nos ha permitido estar en ese momento, en ese lugar. Somos parte de esa pequeña comunidad...

Y así, somos parte del mundo. En un lugar remoto del planeta hay personas en la misma situación que nosotros, tal vez estén pensando cosas similares. Somos parte del gran sistema solar, de la galaxia y del universo entero, donde también todo está dispuesto de una manera que corresponde a una distancia perfecta a la tierra, los planetas, la luna, el sol, y crea las condiciones ideales para nuestra vida. Cuántas cosas están ocultas a nuestros ojos y, sin embargo, también forman parte de nuestra existencia. De la misma manera, las cosas microscópicas que viven en nosotros, y que forman parte de nosotros, sin que nos demos cuenta.

En todo lo que observamos a nuestro alrededor podemos ver que el principio subyacente de toda la creación es la unidad. Todo lo que existe, ya sea vivo o no, comparte el mismo origen y el mismo destino. Todas ellas son manifestaciones del mismo creador, la fuente de toda vida. Esta unidad también se refleja en nuestras actividades humanas, como el tráfico, donde nos comunicamos y cooperamos entre nosotros siguiendo ciertas reglas y normas en obediencia, incluso cuando los miembros son diferentes y tienen personalidades distintas. Cuando se violan estas reglas, creamos desorganiza-

---

2. Brian Tierney, *La Edad Media, volumen I: Fuentes de la historia medieval*, 6.ª ed., vol. I (New York, NY: McGraw-Hill, 1999), 237.

ción y caos, que se convierten en parte de una nueva realidad. También existen dinámicas de grupo que influyen en nuestro comportamiento cuando actuamos en conjunto, que pueden diferir de nuestras acciones individuales. Tenemos un impulso innato de ayudar a los demás, pero a veces nuestra naturaleza caída o las influencias mundanas nos impiden hacerlo. Es notable cómo una crisis puede unirnos y sacar lo mejor de nosotros.

Vivimos en un mundo dinámico donde el cambio es inevitable y constante. Aprendemos de nuestras experiencias y de los demás, y crecemos juntos como una gran comunidad. Incluso cuando nos encontramos con acontecimientos inusuales o inesperados, son parte de la misma realidad —de la misma totalidad. De la misma manera aquellos que están aislados, o solitarios—siguen conectados a la sociedad también, con rasgos propios y únicos. Todos estamos vinculados a este "todo," cada uno desempeñando un papel en la gran familia que es la humanidad.

Hemos visto brevemente algunos ejemplos de la asombrosa diversidad y complejidad de la vida en la Tierra, desde organismos microscópicos hasta grandes ecosistemas, desde estructuras celulares hasta interacciones entre especies. Ahora cambiaremos nuestro enfoque de la dimensión física a la espiritual. Si la realidad material es tan rica e intrincada, la espiritual debe serlo aún más.

En este sentido nos referiremos a la Comunión de los Santos, la cual es una doctrina que expresa el vínculo espiritual entre los miembros de la Iglesia, tanto vivos como difuntos. Se basa en la creencia de que todos los que están en Cristo comparten Su vida y Su gracia. La Comunión de los Santos incluye a los santos del cielo, quienes interceden por nosotros y nos ayudan con sus oraciones; las almas del purgatorio, que están siendo purificadas y preparadas para el cielo; y los fieles en la tierra, que se apoyan unos a otros con sus oraciones, obras y sacrificios. Es, como es bien sabido, el cuerpo místico de Cristo.

Como hemos dicho, podemos sintetizar la palabra "comunión" de manera muy sencilla como "común unión" entre individuos. La definición exacta de la Comunión de los Santos la podemos encontrar explicada en el Catecismo de la Iglesia Católica:

960 *La Iglesia es "comunión de los santos": esta expresión designa primeramente las "cosas santas"* (sancta)*, y ante todo la Eucaristía, "que significa y al mismo tiempo realiza la unidad de los creyentes, que forman un solo cuerpo en Cristo" (LG 3).*

961 *Este término designa también la comunión entre las "personas santas"* (sancti) *en Cristo que ha "muerto por todos," de modo que lo que cada uno hace o sufre en y por Cristo da fruto para todos.*

962 *"Creemos en la comunión de todos los fieles cristianos, es decir, de los que peregrinan en la tierra, de los que se purifican después de muertos y de los que gozan de la bienaventuranza celeste, y que todos se unen en una sola Iglesia; y creemos igualmente que en esa comunión está a nuestra disposición el amor misericordioso de Dios y de sus santos, que siempre ofrecen oídos atentos a nuestras oraciones" (Pablo VI,* Credo del Pueblo de Dios, *30).*[3]

Sabemos que la Comunión de los Santos se refiere a la unidad del pueblo de Dios, con Dios. Desde este tiempo en la tierra como peregrinos, los que están en el purgatorio, hasta los que están disfrutando del Cielo. Estamos todos unidos en el mismo amor. En este punto podemos ver cómo la oración es también un camino de comunión. Realmente podemos hacer muchas comuniones espirituales con Nuestro Señor a lo largo del día. Podemos recibirlo como nuestro alimento espiritual en

---

3. *Catecismo de la Iglesia Católica*, 2.ª ed. (Washington, DC: Conferencia Católica de los Estados Unidos, 2000), 960–962.

la Santa Comunión, o podemos tener el mismo alimento que Él tuvo, que es hacer la Voluntad del Padre: "Les dice Jesús: "Mi alimento es hacer la voluntad del que me ha enviado y llevar a cabo su obra." (Juan 4:34).

También podemos afirmar que Jesucristo es el *sacrificio* encarnado, pues Él es el sacrificio mismo sobre el Altar. Vino al mundo con una misión particular: por nuestra redención, para ofrecer Su vida como expiación por nuestros pecados. No hay manera de que podamos contemplar la vida de Jesús e ignorar Su sacrificio—Su entrega por amor.

Sacrificio y Justicia son como los dos lados de una balanza, donde la misericordia hace el equilibrio perfecto. Se entregó voluntariamente al destino que le esperaba, sabiendo que su sacrificio traería misericordia al mundo. Cumplió la ley de justicia con su propia sangre; Su sacrificio fue la máxima expresión de misericordia, y a través de Su misericordia cumplió la ley de justicia. "Porque Dios mostrará tu esplendor a toda la tierra y te dará para siempre este nombre: "Paz en la justicia y gloria en la piedad." (Baruc 5:3-4). En la Cruz, la Justicia y el Sacrificio están intrínsecamente relacionados. Jesucristo es la *justicia* encarnada. Él es el justo juez y su juicio es siempre perfecto. En Su veredicto Él siempre tiene razón. (Salmo 50:6 "Los cielos proclaman su justicia, pues Dios mismo viene como juez." Y Salmo 51:6: "...Por que seas justo cuando hablas e irreprochable cuando juzgas"). Nada escapa a Su vista y Él conoce la verdad absoluta, porque Él Es la verdad.

Jesucristo es la *fidelidad* encarnada. Él siempre fue fiel a Su misión y todavía es fiel a Sus promesas. Él es el novio fiel. Fidelidad significa no sólo la entrega de las propias inclinaciones que se oponen al amado, en beneficio del amado, sino también ajustar nuestras perspectivas a las de nuestro amado. Significa mantenernos firmes en nuestra decisión de amar. En la fidelidad se inflama nuestra caridad, porque no nos preocupamos tanto de nosotros mismos, sino que nos interesa el bien del otro.

"Has de saber, pues, que Yahvé tu Dios es el Dios, el Dios fiel que guarda su alianza y su favor por mil generaciones con los que le aman y guardan sus mandamientos"

— DEUTERONOMIO 7:9

Cuando oramos con sinceridad, alineamos nuestra voluntad con la voluntad de Dios, y nos unimos al cielo entero. Los sacramentos, en este sentido, nacen de la Cruz, ya que en ella Cristo se ofreció plenamente por nuestra salvación. Ese sacrificio permanece vivo en los sacramentos, que nos dan la vida de la gracia y nos permiten unirnos a Él, entregándole también nuestras vidas.

Cuando recibimos los sacramentos con devoción, el amor de Dios se lleva todos nuestros pecados e infunde en nosotros la gracia santificante; así podemos contemplar como los sacramentos están relacionados con Cristo sufriente, Quien está vivo y presente en el sacramento de la Comunión. Porque para poder alcanzar la máxima expresión de amor, es decir, queriendo permanecer con nosotros diariamente en la Santa Comunión, tuvo que pasar por la máxima prueba de amor por nosotros, dando Su vida en martirio. Sin el sufrimiento del Viernes Santo, no conoceríamos la gloria del Domingo de Pascua.

Los siete sacramentos son el medio por el cual profundizamos nuestra relación con Nuestro Señor y con la Iglesia. La Misa es la oración perfecta, donde nos unimos con Cristo y con los demás. Estamos en Comunión. Él es Quien nos mantiene unidos, no requerimos de nada externo para mantener este lazo espiritual. Estamos todos presentes, en un lugar sagrado y en un tiempo santo, donde el pasado, el presente, y el futuro se juntan; donde el purgatorio, la tierra y el cielo se unen, para alabar a Dios.

Instituyó el Sacramento de la Confirmación porque cuando fue crucificado, el Espíritu Santo fue el primero en dar testimonio de Él con Sus propias acciones, del poder de Dios y de la Sabiduría de Dios. En 1 Juan 5:6-10 leemos:

"Este es el que vino con agua y con sangre: Jesucristo; no solamente con el agua, sino con el agua y con la sangre. Y es el Espíritu quien da testimonio; porque el Espíritu es la Verdad. Pues tres son los que dan testimonio: el Espíritu, el agua y la sangre, y los tres convergen en lo mismo. Si aceptamos el testimonio de los hombres, mayor es el testimonio de Dios. Este es, pues, el testimonio de Dios, que ha testimoniado acerca de su Hijo. Quien cree en el Hijo de Dios posee el testimonio dentro de sí. Quien no cree a Dios, le hace mentiroso, porque no ha creído en el testimonio que Dios ha dado acerca de su Hijo."

Nuestra Señora también estuvo allí, presenciando Su Sacrificio y la Oblación al Padre. Y como criatura fue el mejor ejemplo de fidelidad. El Sacramento de la Confirmación nos da la fuerza, el coraje, la fortaleza de espíritu para soportar todo tipo de sufrimiento, lo que aprendimos de Jesús en la Cruz.

Jesús instituyó el Bautismo en la Cruz, porque a pesar de que Juan Bautista ya bautizaba con agua en el desierto, Nuestro Señor por el agua bendita que brotó de Su santo costado, reclamó para Sí lo que por derecho es Suyo, que es Su pueblo, regalándonos el bautismo en agua y sangre, en espíritu y verdad; y también estaba Nuestra Señora, como presentando a Su Hijo en el altar al Padre Celestial. Con esta agua bendita bendijo el agua bautismal; ahora podemos nacer a una vida nueva, configurando nuestra imagen a la imagen de Cristo. Estamos incorporados a Su Iglesia, porque Él es quien a través de Su muerte nos salvó, nos dio vida verdadera, y dio origen al perdón de los pecados.

Instituyó el Sacramento de la Reconciliación, no sólo porque perdonó a quienes lo torturaban, sino porque reconcilió al mundo con Dios Padre. Él derrocó el pecado de una vez por todas en la Cruz. Él continúa derrotándolo dentro de nosotros cada vez que rechazamos esos pecados por los cuales fue crucificado y los confesamos voluntariamente al sacerdote, quien habla en Su nombre. (Juan 20:23) Al momento de la confesión de nuestros pecados estamos en un puente místico en el tiempo, donde tomamos esos pecados cometidos en el pasado, los traemos para estar presentes en el momento de la Cruz, y los colocamos bajo los pies de Nuestro Señor, para que con Su sangre Él los lave y nos restaure. En ese momento de la crucifixión el Señor perdonó al ladrón y le prometió la entrada al paraíso por el arrepentimiento de sus pecados. (Lucas 23:42-43)

Instituyó el Sacramento del matrimonio porque Su ofrenda representa la unión del novio con la novia, que no pueden separarse más; Cristo es el esposo de quien habla la Sagrada Escritura, y la Iglesia es la esposa pura y sin mancha, lavada con la sangre del Cordero (Apocalipsis 7:14, 19:8). Cristo, el novio, dando Su vida por la Iglesia, y la Iglesia siendo la novia que obedece al novio, cabeza del matrimonio.

Estableció el Sacramento del Orden Sacerdotal en el momento de la Cruz, porque —al igual que en el Bautismo— somos hechos sacerdotes, en cuanto compartimos y participamos en la misión de Cristo. Cuando un sacerdote es ordenado se conforma a la persona de Jesucristo y lleva místicamente parte de la misión de Cristo como pastor; ahora puede convertirse en sacrificio vivo, literalmente entregando su vida gradualmente, todos los días con Cristo en el altar por la

Iglesia. Renuncia a sus propias ambiciones, y ahora sus deseos son los mismos de Cristo; abraza la meta suprema de dar su vida por El que se ofreció a sí mismo en la Cruz por la salvación del mundo. El sacerdote actúa como mediador entre Dios y el pueblo, es un don divino para el mundo y un canal de la misericordia y gracia de Dios, comunicando las oraciones del pueblo a Dios, ofreciendo sanación tanto física como espiritual, y el mensaje de Dios al pueblo.

Una vez ordenados, nunca dejan de ser sacerdotes: "El Señor ha jurado y no cambiará de opinión: "Tú eres por siempre sacerdote, según el orden de Melquisedec" (Salmo 110:4). El sacerdote se transforma como la Sagrada Hostia se transforma en la Sagrada Comunión. Cuando pronuncia las palabras de la Consagración, no es sólo que él eleva la Hostia y el Cáliz, sino que todo su ser está sostenido por Cristo. La vida del sacerdote es una continua ofrenda, una continua negación de sí mismo. Participa del misterio de la Cruz de Cristo, por el pueblo de Dios y por el amor a Dios. El corazón de Nuestra Señora tiene una conexión especial con el sacerdote, ella es su protectora y defensora. Así como una vez ella trajo al mundo a Cristo vivo, ahora los sacerdotes hacen lo mismo en el momento de cada Consagración en la Santa Misa. Los cuida con tierno amor, porque son imagen de su Hijo, y representan a Cristo en persona. Los sacerdotes también dan su "fiat" y sacrifican el mundo y sus placeres. Viven en el mundo, pero no pertenecen al mundo: "Ellos no son del mundo, como yo no soy del mundo." (Juan 17:16)

La Cruz es la fuente del Sacramento de la unción de los Enfermos, porque este Sacramento es un Sacramento de sanación, y sabemos que sólo Él puede sanarnos. Este Sacramento expresa la compasión y misericordia de Cristo por aquellos que sufren y necesitan Su gracia. En el momento de Su crucifixión Su cuerpo fue azotado y flagelado, lleno de llagas; y la Sagrada Escritura nos dice en Isaías 53:5 y en Pedro 2:24 que por Sus llagas hemos sido curados. Por Su dolorosa Pasión hemos sido sanados de la inmundicia del pecado; Él quiere sanarnos física y espiritualmente.

El sacramento de la Eucaristía es Cristo mismo (Juan 6). Es el sacramento de los sacramentos. En el momento de la consagración, somos transportados místicamente al Calvario. Esta es la máxima expresión de fidelidad. Jesús se queda con nosotros fielmente, entre nosotros, todos los días. El deseo que experimentamos cuando estamos a punto de recibirlo en la Sagrada Comunión no es nada comparado con Su deseo de estar unido a nosotros. Él es tan humilde que ha ordenado ponerlo en las manos de los Sacerdotes, en nuestras lenguas, para llegar a nuestro corazón. Humilde y pacientemente, Él espera. Primero espera las palabras proclamadas por el Sacerdote para la transubstanciación, luego espera Su encuentro con cada alma, y luego, en el sagrario espera que nuestros corazones vengan a Él.

El Señor nos invita a participar de este Banquete que Él ofrece cada día en la Santa Misa, que es una anticipación del banquete que se ofrece en el reino de los Cielos. Cuando nos reunimos alrededor del Altar, experimentamos esta unidad con toda la Iglesia, estamos a la mesa del Señor, celebrando Su Misterio Pascual. Y cada vez que participamos de la Sagrada Comunión, somos renovados y sanados en lo más profundo de nuestro ser. Este sacramento nos lleva profundamente al universo silencioso de nuestra alma en un encuentro poderoso con el Dios vivo.

En Juan 6:56-71 el Señor nos dice que al recibirlo en la Santa Comunión, nos hacemos uno con Él y nos regala generosamente todos Sus méritos al unirse intrínsecamente a nosotros; entonces la sangre de Dios corre por nuestras venas, la misma sangre que corrió sobre el madero de la Cruz. Nos llenamos de Su vida y Él nos hace partícipes de la victoria más poderosa de todas. Allí, abrazamos Su Cruz, donde todo mal ha sido derrotado para siempre, y nos postramos en adoración. A Sus pies encontramos nuestro refugio más seguro, en Su presencia el tiempo parece desvanecerse, y nos sumergimos en Su paz. Poder recibirlo en la Santa Comunión no es un regalo pequeño, es Dios mismo entregándose a nosotros.

Cuando recibimos a Jesús en la Santa Comunión, nos encontramos con el mismo Cristo que una vez estuvo parado a las orillas del mar de Galilea, con su mirada puesta en el horizonte, inmerso en una paz perfecta. Ahora, Él arroja las redes de Su inmenso amor hacia nuestros corazones, con el poder de Su divinidad, hablando directamente a las profundidades de nuestras almas. Aquel que una vez caminó sobre el agua y calmó las tempestades, ahora nos llena con el agua viva de Su gracia abundante, nutriendo nuestros espíritus y calmando las tormentas de nuestros corazones atribulados.

El primer milagro que realizó Jesús fue precisamente en un banquete de bodas, comenzando así Su ministerio, y en la última cena Él, — siendo el esposo de nuestra alma —anunció en Lucas 22:14-16 "Cuando llegó la hora, se puso a la mesa con los apóstoles y les dijo: "Con ansia he deseado comer esta Pascua con vosotros antes de padecer; porque os digo que ya no la comeré más hasta que halle su cumplimiento en el reino de Dios."

Nuestro Señor también quiere enseñarnos a ser honorables y fieles a nuestras palabras, como Él es. Nos ha dicho que respondamos con "Sí" o "No" (Mateo 5:37). Cada palabra y acción quedan impresas en el tiempo, en el espacio, y tienen un impacto para la eternidad. Durante la boda que precede al banquete pronunciamos nuestros votos, y basta con decir "sí" a nuestras promesas, para dar a conocer a la comunidad nuestro compromiso con Dios y con nuestro cónyuge. El banquete de bodas es la celebración de este evento, de este vínculo que fue confirmado por nuestra propia decisión y voluntad, y que honraremos en el tiempo con nuestro amor a través de palabras y obras.

Cuando Jesús instituyó la Sagrada Eucaristía, abrió Su corazón de manera mística y limpió a los apóstoles con Sus palabras. Esas palabras que les habló los santificaron. Él dijo: "Vosotros estáis ya limpios gracias a las palabras que os he dicho. Permaneced en mí, como yo en vosotros." (Juan 15:3-4). Él es la palabra viva, y una forma en que podemos dar testimonio de que los Apóstoles estaban limpios, –excepto el que iba a traicionarlo–, es porque ninguno culpó a otro. Al contrario, cada uno de ellos se sintió muy capaz de hacer algo malo y ninguno tomó el lugar de "el acusador," ni siquiera después de que Jesús despidió a Judas (Juan 13:28). Jesús estaba muy concentrado en Su misión y todos estaban en comunión con Él. Él estaba "derramándose" sobre ellos, y todos estaban como comunidad, en armonía; todos tenían el mismo entendimiento en el amor de Dios.

En esa última cena, Nuestro Señor Jesucristo, puente entre los hombres y Dios, verdadero Dios y verdadero hombre dijo en oración:

"...para que todos sean uno. Como tú, Padre, en mí y yo en ti, que ellos también sean uno en nosotros, para que el mundo crea que tú me has enviado. Yo les he dado la gloria que tú me diste, para que sean uno como nosotros somos uno: yo en ellos y tú en mí, para que sean perfectamente uno, y el mundo conozca que tú me has enviado y que los has amado a ellos como me has amado a mí."

— Juan 17:21-23

Su corazón estaba abierto. Estaba abierto en este momento como se abrió en el Calvario; estaba abierto como se abrió el

Cielo el día de Su Bautismo; estaba abierto como la cortina del templo en Su crucifixión. Dios deseaba esta cercanía a nosotros. Jesucristo vino a abrirnos las puertas del Cielo con Su Cruz. Existe una expresión que dice que Su carne fue triturada de la misma manera que se tritura el grano de trigo para hacer el pan; y que Él permitió que Su sangre fuera exprimida de Su cuerpo, de la misma manera que se debe exprimir la uva para obtener el vino.

Él nos invita a compartir esta celebración para ser testigos de Su Amor, nos invita a que seamos *Uno*. Como San Pablo enseña en 1 Corintios 10:21, nuestra comunión con el Señor debe estar enteramente unida Él, indivisibles en nuestro interior: "No podéis beber de la copa del Señor y de la copa de los demonios; no podéis participar de la mesa del Señor y de la mesa de los demonios."

Reflexionemos en cómo la *sabiduría, la obediencia, el sacrificio, la justicia y la fidelidad* están intrínsecamente conectados con la realidad temporal de nuestras vidas y cómo revelan el desarrollo del plan de Dios para nosotros, al moldearnos para ser más parecidos a Cristo. Para ayudarnos a recordar estos elementos de la vida espiritual, y para poder traerlos a nuestras vidas, podemos usar el don de la imaginación, conectándonos con las cinco llagas de la pasión de Nuestro Señor, signos de Su amor profundo: Sus manos, pies, y costado, junto con la corona de espinas en Su cabeza.

Para reflexionar sobre la *sabiduría*, podríamos decir que el lugar más adecuado para que ésta more es en nuestra mente, en nuestros pensamientos. Y si lo consideramos de esta manera, entonces la sabiduría nos guiaría a través de la mente, por lo tanto la asociaremos con la cabeza. En esta luz, contemplemos la herida causada por la corona de espinas, una llaga que marcó la cabeza del Señor. La corona de espinas, aunque la usaron como un símbolo de humillación, también contenía en su interior la sabiduría del Verbo Eterno.

Cuando pensamos en la *obediencia*, no podemos evitar ver cómo Jesús es el ejemplo perfecto. Él vivió en completa armonía con la voluntad de Dios Padre en todo lo que hizo. Jesús viajó a diferentes lugares para predicar el evangelio, pero también en obediencia supo cuando parar Su travesía, como lo vemos cuando escogió no viajar inmediatamente para sanar a Lázaro. Dijo: "Esta enfermedad no es de muerte, es para la gloria de Dios, para que el Hijo de Dios sea glorificado por ella." (Juan 11:4). En este acto, Jesús demuestra que la obediencia a la voluntad del Padre a veces requiere esperar, aún cuando esto signifique no actuar inmediatamente. Sus pies, clavados en la cruz, son una señal poderosa para nosotros de Su sumisión y obediencia. Para el propósito que estamos buscando, asociaremos las heridas de Sus dos pies con la obediencia, porque tuvieron que andar juntos en Su camino, moviéndose en conjunto, al unísono con Su misión para cumplir la Voluntad de Dios en la tierra.

Cuando consideramos al *sacrificio*, vemos la mano izquierda de Jesús, cuando ofreció Su vida en completa entrega. Cuando Sus brazos fueron extendidos sobre la Cruz, podemos visualizar Su mano izquierda como un símbolo del amor que se da a sí mismo. De manera similar, podemos recordar la ofrenda de Isaac hecha por Abraham, donde Abraham sostuvo a Isaac en su mano izquierda y el cuchillo en la derecha, preparado para entregarlo todo a la orden de Dios. Nos puede resultar fácil pedir a Dios sabiduría, obediencia, justicia y fidelidad; pero cuando llegamos al sacrificio dudamos, porque tenemos miedo de que Dios nos dé multitud de sufrimientos. Pero no pedimos sufrir más, sino más bien pedimos la gracia de aceptar los sufrimientos que Dios permita que se presenten en nuestras vidas, y ofrecerlos como sacrificio. La palabra "sacrificio" tiene sus raíces en la palabra "sagrado," que significa "lo que pertenece a Dios." Así, estos sacrificios pueden variar desde el Santísimo Sacrificio de la Misa hasta pequeñas renuncias a delicias minúsculas—ofrendas conocidas sólo por Dios. Cada sacrificio, no importa cuán pequeño sea, es una ofrenda que de una manera consagra nuestras vidas a Él.

Tanto la *justicia* como el sacrificio están en Sus manos y están al mismo nivel, equilibrados por Él. Si pensamos en la justicia, sabemos que la justicia de Dios se manifiesta por Su bendición. Él sostiene esta herida en Su justa mano derecha, la misma mano que usa para bendecirnos. Como dice Isaías 41:10: "No temas, que contigo estoy yo; no receles, que yo soy tu Dios. Yo te he robustecido y te he ayudado, y te tengo asido con mi diestra justiciera." La naturaleza de Dios es bendecirnos siempre, y Él es la fuente de toda santidad y bendición. Justicia y sacrificio están al mismo nivel porque ambos se satisfacen mutuamente: el sacrificio se hizo para satisfacer la justicia divina, y por justicia el sacrificio es exaltado.

La *fidelidad* es la conclusión perfecta del ciclo que comenzó con la sabiduría. Dios es fiel. Leemos en 1 Corintios 1:4-9

"Doy gracias a Dios sin cesar por vosotros, a causa de la gracia de Dios que os ha sido otorgada en Cristo Jesús, pues en él habéis sido enriquecidos en todo, en toda palabra y conocimiento, en la medida en que se ha consolidado entre vosotros el testimonio de Cristo. Así, ya no os falta ningún don de gracia a los que esperáis la Revelación de nuestro Señor Jesucristo. Él os confirmará hasta el fin irreprensibles en el Día de nuestro Señor Jesucristo. Pues fiel es Dios, por quien habéis sido llamados a la comunión con su hijo Jesucristo, Señor nuestro."

La fidelidad puede visualizarse fácilmente con la herida que llegó a Su corazón. Este corazón que es tan puro y lleno de amor. Este amor que se sacrifica y que permanece fiel hasta el fin de los tiempos.

En la gran narrativa de nuestra salvación, Dios, en Su infinita *sabiduría*, diseñó una manera para redimirnos. Su amor es tan inmenso que, para abrirnos las puertas del cielo, Cristo, en perfecta *obediencia*, padeció el *sacrificio* mayor, satisfaciendo la justicia divina. Y por *justicia*, Su sacrificio nunca será olvidado. A través de Su *fidelidad*, Él cumple Sus promesas, concediéndonos el perdón, la paz, y la esperanza de una vida eterna.

Como individuos, estamos llamados a buscar la *sabiduría* que proviene del Santo temor de Dios, acogiendo Sus enseñanzas y siguiendo Sus mandatos con un corazón dispuesto. Nuestras vidas deben estar marcadas por la *obediencia* a Su palabra, rindiéndose completamente a Él. En unión con Su *sacrificio* en la Misa, somos invitados a ofrecer nuestros propios sufrimientos, uniéndolos con Su sufrimiento redentor. Debemos actuar, hablar y juzgar en libertad y *justicia*, siempre alineando nuestras acciones con Su voluntad. Y somos llamados a permanecer en *fidelidad* a Él, haciendo a Cristo nuestro único Maestro y Señor, manteniendo nuestra conexión profunda con Él, así como la rama se mantiene unida al árbol.

Para terminar este capítulo, me gustaría compartir una historia que escuché hace mucho tiempo —aunque no recuerdo dónde— sobre una mujer que tuvo un sueño muy peculiar. En él, su ángel guardián la condujo a contemplar el cielo y el infierno.

Primero, el ángel la llevó al infierno y, antes de abrir las puertas, le pidió que se preparara para lo que estaba a punto de ver. Al abrir las puertas, la mujer contempló una mesa magnífica, colmada de abundante comida. Sin embargo, alrededor de ella había muchas personas con rostros tristes, expresiones sombrías y silenciosas; todos parecían profundamente hambrientos. Observó entonces que la única manera en que podían comer era utilizando unos utensilios que les habían sido dados: eran tan excesivamente largos que les resultaba imposible llevar la comida a su propia boca. Ella dedujo que el castigo no era solo el hambre, sino la condición misma de esos utensilios, que les impedía alimentarse y encontrar satisfacción.

Luego, el ángel la condujo al cielo. Antes de abrir las puertas, nuevamente le pidió que prestara mucha atención. Al entrar, la mujer vio otra mesa espléndida, también rebosante de alimentos. Pero esta vez el ambiente era completamente distinto: las personas reían, conversaban y compartían con alegría. Todos se veían bien alimentados y en paz. Para su sorpresa, también tenían los mismos utensilios largos, y las reglas eran las mismas: sólo podían comer usándolos.

La mujer quedó perpleja, pero al observar con más atención descubrió la diferencia. Mientras que en el infierno cada uno intentaba, sin éxito, alimentarse a sí mismo, en el cielo se alimentaban unos a otros. No buscaban satisfacer únicamente su propia hambre, sino que, con amor, compartían lo que tenían. Eran caritativos al dar y humildes al recibir.

Entonces comprendió que la clave no estaba en los utensilios, sino en el amor: un amor que se vale de las herramientas que tiene para extenderse hacia el otro, que da en generosidad, acepta en mansedumbre, y conduce a la unidad.

Izquierda: *La Vierge au lys* (c. 1899) de William-Adolphe Bouguereau.
Derecha: *Pietà* (c. 1876) de William-Adolphe Bouguereau.

V. El Amor

Abarcando todo

"Pero a vosotros, los que me escucháis, yo os digo: Amad a vuestros enemigos, haced bien a los que os odien, bendecid a los que os maldigan, rogad por los que os difamen. Al que te hiera en una mejilla, preséntale también la otra; y al que te quite el manto, no le niegues la túnica. A todo el que te pida, da, y al que tome lo tuyo, no se lo reclames. Y tratad a los hombres como queréis que ellos os traten. Si amáis a los que os aman, ¿qué mérito tenéis? Pues también los pecadores aman a los que les aman. Si hacéis bien a los que os lo hacen a vosotros, ¿qué mérito tenéis? ¡También los pecadores hacen otro tanto! Si prestáis a aquellos de quienes esperáis recibir, ¿qué mérito tenéis? También los pecadores prestan a los pecadores para recibir lo correspondiente. Más bien, amad a vuestros enemigos; haced el bien y prestad sin esperar nada a cambio; entonces vuestra recompensa será grande y seréis hijos del Altísimo, porque él es bueno con los desagradecidos y los perversos. Sed compasivos como vuestro Padre es compasivo. No juzguéis y no seréis juzgados, no condenéis y no seréis condenados; perdonad y seréis perdonados. Dad y se os dará; una medida buena, apretada, remecida, rebosante pondrán en la halda de vuestros vestidos. Porque con la medida con que midáis se os medirá."

— Lucas 6: 27-38

El amor es una de las realidades más profundas y a la vez más desafiantes de la vida humana. Precisamente por nuestra condición limitada, nuestra comprensión no siempre alcanza a abarcarlo plenamente, y con frecuencia nos guiamos más por lo que sentimos, que por su verdadera profundidad. En medio de nuestros sufrimientos, de los momentos en que faltan las fuerzas y de los combates interiores, se hace patente que nuestro corazón anhela su encuentro; y es por eso que nuestro Salvador ha venido en nuestro auxilio para guiarnos con Sus palabras.

Al reflexionar en las palabras de Nuestro Señor, descubrimos que se dirige a quienes están dispuestos a escucharle, no sólo con los oídos, sino también con el corazón. Habla a aquellos que acogen Su palabra y buscan vivirla. Desde el inicio de este pasaje, nos invita a amar a nuestros enemigos y a hacer el bien a quienes nos odian; con ello, comienza a preparar nuestro corazón y a disponernos para un amor más pleno. Al responder así, el alma entra en una verdadera libertad y se fortalece interiormente, pues deja de estar sujeta al peso de la ira o del resentimiento. A lo largo de Su enseñanza, el Señor parece anticipar los sufrimientos que Él mismo habría de soportar en Su Pasión, dándonos ejemplo con Su propia vida. (1 Pedro 2:21-24) Más adelante, nos llama a ser *receptivos al amor que estamos dispuestos a ofrecer*. Finalmente, concluye diciendo que la medida con que midamos será también la que se use con nosotros. Este tema encierra múltiples dimensiones y matices que merecen ser contemplados con detenimiento; sin embargo, antes de profundizar en ellos, conviene resaltar algunos puntos que pueden ayudarnos a disponernos mejor.

Según el filósofo católico René Girard, el mecanismo del chivo expiatorio es un fenómeno psicológico en el que los acusadores proyectan su ira, frustraciones, faltas o transgresiones sobre otra persona y luego la castigan por ello.[1] Al hacerlo, evitan afrontar su propia culpa y responsabilidad, sintiéndose aliviados y justificados. Proyectan en el chivo expiatorio toda la culpa que no quieren afrontar, y lo ven como en un espejo que muestra su propio reflejo. Pero si bien el grupo de acusadores actúa aparentemente unido por una misma causa, al castigar al chivo expiatorio, sólo reciben como respuesta su ira y frustración; esto alimenta de nuevo esos mismos sentimientos en ellos, haciendo un círculo vicioso de odio que termina temporalmente cuando lo destruyen.

Sin embargo, como podemos ver en las enseñanzas de esta lectura, Jesús rompió este ciclo con amor, el mismo amor que Él ejemplifica, los mismos sufrimientos que soportó en el momento de Su pasión. No sólo por lo que dijo, sino por Sus acciones. Para asombro de los testigos de entonces y de los estudiosos del presente, rompió con el patrón, el esquema que se esperaba en esta situación; extendió compasión, perdón... la ofrenda suprema: Amor. Por tanto, el amor también podría encontrarse incluso en la consecuencia de una mala acción. Quiere que veamos que incluso cuando hemos sido agraviados, el único bien que puede surgir de ello es el amor que abre las puertas a una nueva vida. Se rompe el ciclo de violencia, y a través de esta liberación, actuamos como dice Jesús, como hijos de Dios.

En Lucas 7:47, le explica a un fariseo sobre las demostra-

---

1. René Girard, *El chivo expiatorio*, trad. Yvonne Freccero (Baltimore, MD: Johns Hopkins University Press, 1986), 14–15.

ciones de amor de una mujer pecadora hacia Él: "Por eso te digo que quedan perdonados sus muchos pecados, porque ha mostrado mucho amor. A quien poco se le perdona, poco amor muestra."

Dios nos ama incondicionalmente y nos perdona infinitamente. *Si queremos medir nuestro propio amor, podemos echar un vistazo a la medida de nuestro perdón.* Cuanto más somos perdonados, más agradecidos nos sentimos y somos llamados a amar. Cuanto más amamos, con más facilidad somos perdonados y por ende nos sentimos más dispuestos a perdonar. Así es como el amor corre en ambos sentidos. Pero cuando nuestro amor aumenta significa que ya está en "camino de regreso," porque primero lo ofrecimos: Él le perdona sus muchos pecados a la mujer pecadora porque ésta amó mucho; pero cuando ella recibe más perdón también ama más. Todos somos pecadores, por eso todos podemos crecer en amor, hasta que tengamos vida en abundancia.

Tomemos por ejemplo el Sacramento de la Reconciliación. Cuando buscamos el perdón, Dios nos concederá Su perdón. Él se deja encontrar por quienes Lo buscan (Jeremías 29:14). Si buscamos a nuestro Dios misericordioso, Él se dejará encontrar como un Dios misericordioso con nosotros. Si acudimos al confesionario cargando con el peso de nuestros pecados, sentiremos un gran alivio y agradecimiento al recibir el perdón. Al recibir el perdón nos sentimos inspirados a dar lo mejor de nosotros y a amar más. Y porque amamos más, vemos más claramente que somos pecadores y lo que hacemos mal, por eso volvemos a buscar el perdón. Somos perdonados por Dios, quien es la luz que brilla en nuestras almas; cuanto más cerca estemos de la luz, más claro será nuestro entorno, y este brillo nos revelará todas las manchas y defectos que antes estaban ocultos.

El amor se puede encontrar en el lugar más humilde de nuestras almas, como los magos encontraron el amor de Dios en un pesebre; o en la desolación del espíritu, como la encontró el pueblo en las predicaciones de San Juan Bautista en el desierto. Y a veces necesitamos adentrarnos en el desierto para poder escuchar claramente la voz de Dios, como dice el profeta en Oseas 2:16 "Por eso voy a seducirla; voy a llevarla al desierto y le hablaré al corazón."

Dios es amor, como dice en 1 Juan 4:8. Pero el amor es más que un mero sentimiento o sensación. El amor no es sólo una fuerza cósmica abstracta o una serie de reacciones neuroquímicas, sino que el amor mueve esa fuerza cósmica, el universo y todo lo que hay en él. El amor es una realidad profundamente abarcadora que trasciende el tiempo y el espacio, visible e invisible. (1) Al principio, antes de que hubiera luz, no había nada. La creación vino como una "consecuencia" de Su amor. Únicamente por amor y por Su amor, la creación sucedió, a través de Su palabra: Jesús. Se dice que la materia no se crea ni se destruye, únicamente se transforma. (2) Pero de esa aparente nada, todo fue creado. Si retrocedemos en el tiempo hasta el principio, y nos remontamos aún más al pasado, habrá un momento en el que no había absolutamente nada, antes de que algo fuera creado.

Pero sabemos que la creación vino de "algún lugar," específicamente, de Su abundancia, Su plenitud, Su riqueza, sólo de Él... y de ningún otro lugar. Él le dio al universo su existencia y todas sus propiedades, fueron dadas a partir de una esencia primordial que existía más allá del tiempo y el espacio, aún si consideráramos que todo fue formado sólo desde Sus pensamientos. Entonces el universo se puso en movimiento. Este "movimiento" es la respuesta dada al amor que está en el núcleo de la creación, pues la creación entera sólo puede responder con la verdad para la cual fue creada, dando así gloria a su creador.

Algunos científicos afirman que el universo se está expandiendo, y que llegará a un punto en el que comenzará a contraerse nuevamente hasta volverse tan compacto que implosione; dicen que esto generará otro "Big Bang," que repetirá el ciclo que experimenta ahora el universo. En ese sentido, el universo estaría palpitando "lentamente" —pues vamos todos en ese movimiento imperceptiblemente recorriendo una gran distancia cada segundo. Sin embargo, aún cuando esta hipótesis fuera sustentable, no es garantía de que se repetiría o que las mismas condiciones se repetirían para dar origen a la vida inteligente, pues tales decisiones corresponden únicamente a Dios.

Es asombroso pensar cómo los científicos en los laboratorios miran a través de los microscopios, y los astrónomos miran a través de los telescopios; un grupo mira hacia abajo a las cosas más pequeñas y otro grupo mira hacia arriba a los objetos enormes, ambos grupos buscando lo mismo: el origen de todo.

Es muy importante decir que no podemos simplemente equiparar a Dios con el universo y viceversa. En *Quinque viae*, o "cinco caminos," de Santo Tomás de Aquino, aprendemos de sus dos primeros caminos que, (1) dado que las reacciones en cadena del movimiento físico no pueden ocurrir en una regresión infinita sin una primera causa, tiene que haber un motor primario, y (2) nada puede ser causa de sí mismo excepto una primera causa que en sí misma no es causada por ninguna otra cosa.[2] Aunque el universo no es Dios y Dios no es el universo, todo en el universo *vino de la esencia de Dios, la cual es el amor mismo.* Cada criatura da gloria a Dios de una manera particular, incluso si son inanimadas, porque Dios dio a cada cosa en Su creación una razón para existir.

Amar es el cimiento de toda la creación, pues Dios nos

---

2. Brian Tierney, *La Edad Media, volumen I: Fuentes de la historia medieval*, 6.ª ed., vol. I (New York, NY: McGraw-Hill, 1999), 275. Tierney, *La Edad Media*, 275.

invita a ser partícipes de Su plan divino. Nos otorga no sólo la vida natural, sino la vida en el espíritu, abrazándonos como Sus hijos adoptivos. A su vez, estamos llamados a transmitir ese mismo amor a nuestros hermanos. Mientras que el orgullo es lo que San Agustín llamaba *"incurvatus in se,"* o "encorvado en sí mismo,"[3] el amor es un volverse hacia Dios y hacia el otro; el orgullo es alejarse del universo hacia uno mismo, ver la belleza en él no por lo que es, sino por cómo puede servirle; el amor es volverse hacia el otro, ver la belleza del universo tal como es y cómo podría glorificar mejor a Dios. Él nos creó a Su imagen, de modo que al ver a la otra persona y servirla como Cristo nos sirvió a nosotros, nos convertimos en la persona que fuimos creada a ser y cumplimos nuestro papel como hijos de Dios.

Entonces, para amar y experimentar el amor verdadero, necesitamos ser guiados por el espíritu de verdad dentro de nuestras almas; el que realmente nos ama y desea nuestra salvación. Al amarlo, demostramos nuestro amor a Él obedeciendo Su Palabra; de esta manera vivimos reflejando la imagen de Dios que habita en nosotros. Por lo tanto, el amor se alimenta de cuatro platos principales: (1) la *renunciación —Aparnoume*—que puede ser, o de nuestro propio juicio egocéntrico al negarnos a nosotros mismos el juzgar a los demás, o de nuestros deseos orgullosos, (2) la *compasión —Splagchnizomai*—al ver en nuestros hermanos al Cristo sufriente, conmoviéndonos el corazón hasta las entrañas hacia los menos afortunados, o al reconocer con el corazón el esfuerzo sincero de otros, (3) *entregarse —Paradidomai*—renunciando a todo lo que no ayuda a nuestra santificación como los placeres temporales, aprendiendo a ofrecerlos a Dios, y (4) *servicio —Diakonia*— actuando en discernimiento sobre nuestras buenas inspira-

---

3. Matt Jenson, *La gravedad del pecado: Agustín, Lutero y Barth sobre "Homo incurvatus in se"* (New York, NY: T&T Clark, 2006), 7.

ciones para nuestro propio crecimiento y beneficio de la comunidad, tolerando con paciencia el esfuerzo que esto implica. En otras palabras, así como Dios se despojó desde el principio—*Kenosis*— Dios nos llena de Su amor cuando nos despojamos de nuestras inclinaciones egoístas, para preocuparnos más por los demás.

Dios creó todo lo que existe, por Su palabra (Juan 1: 1-5). Para apreciar verdaderamente la belleza de la creación y para comprender el amor, debemos mirar cuidadosamente la vida y las enseñanzas de Jesucristo, que es la palabra encarnada. Porque la palabra de Dios es amor. Nuestra percepción del mundo material estará directamente asociada con nuestra relación con Jesús. Si decimos que todo fue creado de la nada, entonces podemos razonar que todo lo que podemos ver vino de Dios, por y para Jesús, quien es el Rey del universo. En Hebreos 1:2-4 leemos:

"En estos últimos tiempos nos ha hablado por medio del Hijo a quien instituyó heredero de todo, por quien también hizo el universo; el cual, siendo resplandor de su gloria e impronta de su sustancia, y el que sostiene todo con su palabra poderosa, llevada a cabo la purificación de los pecados, se sentó a la diestra de la Majestad en las alturas, con una superioridad sobre los ángeles tanto mayor cuanto más excelente es el nombre que ha heredado."

De la misma manera, nuestra respuesta a los acontecimientos de la vida estará determinada por nuestra relación con el Señor, quien es nuestro maestro y guía. Si permitimos que Jesús viva en nosotros y si permitimos que Sus enseñanzas echen raíces en nosotros, comenzaremos a mirar la vida a través de Sus ojos. Todo en la creación tiende a la belleza y la perfección, porque está regresando a Dios, Quien es la fuente de todo orden, belleza y amor.

Cuando contemplamos un espectáculo majestuoso, digamos la aurora boreal, quedamos completamente asombrados porque vemos algo tan hermoso, desconocido y magnífico que nos deja sin aliento. Es un reflejo del amor de Dios. Nadie ha visto jamás a Dios, pero cuando pensamos en Su gloria, nos inspira pensar que debe ser una experiencia que supere lo que imaginamos como bueno y hermoso, y los sentimientos más maravillosos que se apoderan de nuestros sentidos. La verdadera belleza no es una cuestión de opinión o preferencia, sino que es un reflejo de la Voluntad de Dios. Cuando nos alineamos con Su voluntad, estamos reflejando Su amor y belleza al mundo; porque Él, que es bueno, desea solo lo que es bueno.

Cantares de los Cantares 7:7 "¡Qué bella eres, qué hermosura, amor mío, qué delicias!"

Incluso las cosas creadas, o como mencionamos antes, mejor dicho "descubiertas" por los hombres, su verdadera naturaleza es buena porque tienen un buen propósito al que servir. Si existen, tuvieron que ser creados "de la nada" y por amor a través de la inteligencia que Dios nos dio. Incluso en los detalles tratamos de hacer las cosas bellas y lo mejor posibles. Es decir, todo lo que podemos ver y sentir, vino de un origen material desde "la nada" que salió de Dios, y a través de la inteligencia que Él nos dio. Así es como vemos que cada criatura posee algún grado de bondad en sí misma, pues todas las cosas son buenas en su naturaleza. (Génesis 1:31)

Todo lo que el hombre crea tiene en su origen servir para algún bien, o para abastecernos de algo que necesitamos. Todas las cosas que los hombres construyen, moldean y fabrican tienen un objetivo final bueno. Pero el pecado corrompe las cosas. La gente empieza a buscar sólo la ganancia que da el dinero para acumular más riquezas y disfrutar de placeres; o cuando, después de creado el objeto, se le da algún mal uso por la malicia que proviene del pecado original; o cuando la gente abusa de las cosas buenas y se entrega excesivamente a ellas, transformándolas en un vicio.

Toda la Palabra de Dios es amor porque tiene como objetivo bendecirnos y santificarnos. Él creó todo por Su Palabra para nuestro bien. Cristo hizo y sigue haciendo por la Iglesia, a nuestro favor, todo lo que implica el misterio de la Redención. Como hemos visto, Él sufrió de muchas maneras diferentes por nosotros. Del mismo modo, dejar actuar a los demás implica muchas veces sufrir en paciencia; necesitamos la paciencia de Cristo ante los defectos y faltas de los demás, ante las imperfecciones de las personas, las mismas imperfecciones que encontramos en nosotros mismos y en las personas que estaban a Su alrededor. Así, en medio de tanta miseria humana, Él siguió amándolos, nos sigue amando, nos sigue perdonando. Su sufrimiento implica no sólo el sacrificio máximo de la Cruz, sino cada pequeño momento que tuvo que sufrir por nosotros. Cada momento en el que tuvo que ejercitar esa maravillosa paciencia. Este es el primer paso para comprender cómo podemos amar de verdad.

Sin embargo, queda esta pregunta: ¿Qué es el amor?

El amor es tan profundo que desafía la expresión verbal. Es como un color que no se puede describir sin una analogía. El amor es tan natural que hasta un bebé lo experimenta y un don divino que sólo Dios puede otorgar; es un conocimiento universal que no requiere educación y un raro concepto que esquiva al arrogante. Es tan valioso y deseado pero no se puede comprar. Es una gracia gratuita que cualquiera acoge y un deber tan difícil que tuvo que convertirse en mandamiento. El amor está en la suave caricia de una brisa suave y en la fuerza poderosa de un rayo. El amor te silencia pero también te hace gritar.

Hay algunos casos en los que el amor no puede contenerse

dentro de nosotros. Es como que nos "derramamos" hasta vaciarnos. A veces interpretamos esta experiencia de amor como un sentimiento—una emoción. Esta reacción puede ser consecuencia del contacto de lo profundo de nuestro espíritu con cualquiera de nuestros sentidos, como la vista, el oído, el tacto, el olfato, incluso nuestra memoria y nuestro intelecto, que no pueden ser reprimidos ni contenidos. Puede experimentarse por ejemplo, cuando escuchas una voz o un mensaje; cuando ves una flor como una expresión de cariño; cuando te acuerdas de algo bonito o conmovedor; cuando percibes un gesto amable; o cuando sientes el suave toque de tu amado, como señal de reconciliación.

Esta inmensidad que está dentro de nosotros y que hace posible la chispa de la vida quiere transmitirse y pasar de nosotros a los demás. Desde la esencia misma que está en nosotros, nos despierta la bondad y la compasión, abrazándonos en nuestro interior y tocando nuestros sentimientos, tanto que hasta puede hacernos llorar. Puede desencadenarse al mínimo movimiento de tu espíritu—casi como si viniera de la nada, cuando menos te lo esperas.

El filósofo literario Alain de Botton en su libro titulado "La arquitectura de la felicidad" dice: "...cuando hablamos de ser 'conmovidos' por un edificio, aludimos a una sensación de contraste agridulce "entre las nobles cualidades escritas en una estructura y la realidad más triste y amplia dentro de la cual sabemos que existen. Se nos hace un nudo en la garganta al ver la belleza debido al conocimiento implícito de que la felicidad que insinúa es la excepción."[4] En el Sacramento de Reconciliación, las lágrimas del arrepentimiento por nuestros pecados se mezclan con las lágrimas de gozo por la infinita misericordia de Dios. Confrontando nuestra fragilidad, reconocemos la recep-

---

4. Alain de Botton, *La arquitectura de la felicidad*, reimpresión (New York, NY: Vintage, 2008), 22.

ción de Su gracia inmerecida, la cual Él se deleita en concedernos con compasión.

Algunas veces, este amor divino crece silenciosamente dentro de nosotros, transformando el corazón y dejándonos en una profunda paz. Es como una marea serena que invade el alma, llenándola con el aliento de la vida en abundancia y renovando el espíritu, despertando en nosotros el deseo de compartir ese amor con los demás.

Otras veces, este mismo movimiento —suave y apacible— no permanece en silencio, sino que tiende a comunicarse, a derramarse hacia los otros. Su esencia es un entusiasmo sereno que nos impulsa a obrar el bien, a salir de nosotros mismos. Es un dinamismo que renueva constantemente el alma y la preserva de la pasividad, como un intercambio vivo de amor entre quienes se aman.

Así, el amor de Dios no permanece distante, sino que participa activamente en nuestra vida: se hace presente en nuestros anhelos, en nuestros proyectos y en nuestros sueños, si le abrimos espacio. Porque, en realidad, nuestro amor es siempre respuesta: Nosotros amamos porque Él nos amó primero. (1 Jn 4,19)

De este modo, nuestra relación con Dios está llamada a asemejarse al amor de quienes se aman profundamente: buscan estar juntos, corresponden al amor recibido y lo expresan con obras y palabras, procurando el bien del otro por encima del propio. Como enseña Santo Tomás de Aquino, amar es, en su esencia más pura, "nada más que desearle el bien a alguien..."[5]

Cuando manifestamos nuestro amor a Dios a través de nuestros hermanos, lo hacemos por medio de los actos de misericordia, tanto corporales como espirituales. Dos buenos

---

5. Richard Viladesau y Mark Massa, eds., *Fundamentos del estudio teológico: un compendio de fuentes* (Mahwah, NJ: Paulist Press, 1991), 135.

ejemplos de la Escritura son Martha y María, dos hermanas que demuestran su amor a Dios de diferentes maneras. (Lucas 10:38-42) Martha está ocupada sirviendo a los demás a través de las obras corporales de misericordia. María se dedica a escuchar la palabra de Dios con el corazón, honrando así a Dios. Así como comparten el mismo hogar, también comparten el mismo amor, pero lo manifiestan en diferentes aspectos, como cuerpo y espíritu, unidos para lograr una meta: glorificar a Dios con sus vidas. Como dice el Catecismo de la Iglesia Católica en el número 1721, "Dios nos puso en el mundo para conocerle, amarle y servirle, y así llegar al paraíso."[6] Sin embargo, el espíritu debe ser soberano del cuerpo, y primero debe nutrirse con la oración y la presencia de Dios, para entonces tener la fortaleza para ayudar a los demás. Como Jesús claramente le dijo a Martha "y hay necesidad de pocas, o mejor, de una sola. María ha elegido la parte buena, que no le será quitada." (Lucas 10:42)

El amor es un concepto tan profundo que se ha estudiado durante mucho tiempo. Los griegos lo clasificaron en cuatro tipos principales: *Eros, Storgé, Philia y Ágape.* Explicaron, en resumen, que *Eros* es amor apasionado y erótico; *Storgé* es el amor que existe entre familiares y amigos de confianza, es decir, personas con las que tienes mucho contacto y de alguna manera se siente "protector"; *Philia* es amor fraternal que busca el bien común y el compañerismo; *Ágape* es amor desinteresado, puro e incondicional.

Quizás estas definiciones no nos ayuden mucho a entender qué es el verdadero amor. Pueden darnos una idea de los "sentimientos" que surgen al experimentar relaciones interpersonales, por nuestro cónyuge, nuestra familia, por nuestros amigos, y por la humanidad. Para captar lo que significa el amor puro e

---

6. *Catecismo de la Iglesia Católica*, 2.ª ed. (Washington, DC: Conferencia Católica de los Estados Unidos, 2000), 1721.

inmaculado hay que casi "descubrirlo," porque sin duda Dios ya lo ha inculcado en nuestros corazones.

Cuando creemos que nos hemos 'enamorado' de alguien, nuestro cuerpo y mente experimentan ciertas emociones que asociamos con el amor. Sentimos mariposas en el estómago, nuestro pulso se acelera, y nuestros pensamientos parecen suspenderse, viendo a la persona "de la que estamos enamorados" casi impecable, en ocasiones dando excusas casi irracionales por su comportamiento. Estos sentimientos son regalos que Dios ha tejido en nosotros, permitiendo que reconozcamos que estamos "enamorados" cuando los experimentamos, guiándonos a cumplir Su plan de ser fructíferos y multiplicarnos. Sin embargo, es importante recordar que el amor ya existe dentro de nosotros y que, aunque estos sentimientos son naturales, también existen las tentaciones y engaños que pueden copiarlos. Estos sentimientos falsos no están alineados con el llamado de Dios a la santidad. El amor no es meramente un "sentimiento"; es la razón misma de nuestra creación.

El primer acto de Dios al crear el universo fue por amor y a través de Sus amorosas manos, nos transmitió ese amor a nosotros. Sin embargo, el amor prevalece aún a través de los sentimientos, y como dijimos, se manifiesta también por las acciones. Una mujer se "vacía" en amor cuando en medio de la noche su bebé llora y a pesar del sueño se levanta para atenderlo. Un esposo se "vacía" en amor cuando a pesar de sus inclinaciones, renuncia a una fiesta para regresar a casa con su esposa. Un Sacerdote se "vacía" en amor cuando a pesar de su cansancio deja su descanso y sus planes para llevar unción o consuelo. Por amor oramos por otros, y por amor nos esforzamos por la humildad. Incluso los santos, algunos de ellos no sintieron ningún movimiento interior en absoluto, pero hicieron buenas obras, y se movieron sólo por su amor a Dios y el amor de Dios que vivía en ellos. Todas estas son manifestaciones del amor de Dios que se transmite a través de nosotros a los demás y de nuestro amor por Dios.

El amor que Dios tiene por nosotros es tan puro y sublime que incluso si los ángeles intentaran explicárnoslo, nuestro entendimiento que está tan influenciado por el pecado, muy probablemente mal interpretaría su significado. Como Dios ama en plenitud, desea estar unido a nosotros, como nosotros deseamos estar unidos a Él. Él no tiene límites, no le falta nada, Él es perfección y pureza y todo lo que hace es por bondad. Y como Él no nos necesita, y no necesita nada, nos creó sólo porque nos ama. Él tiende la mano a Sus criaturas porque quiere darnos amor, sólo porque esa es Su Voluntad. Por tanto, el amor de Dios envuelve todo amor, completo, en toda su plenitud, y va incluso más allá de lo que se ha definido y clasificado como "amor."

Dios se nos da plenamente cuando abrimos el corazón y lo recibimos en la Santa Comunión. Ya en esta vida, los santos alcanzan una profunda unión con Él, y las almas llegan al paraíso en un estado de perfección. Por eso experimentan, en la oración, momentos de gracia extraordinaria —vivencias místicas y, en ocasiones, extáticas— fruto de su íntima cercanía con Dios y de una unión casi plena con Él. Como podemos ver, este amor no se deja encerrar en las categorías con las que solemos describir el amor humano. Las abarca todas y, al mismo tiempo, las trasciende: es un amor más puro, más pleno y más sublime, que supera toda medida humana.

Dios es como el novio que espera a su deslumbrante novia que es nuestra alma, mientras nos prepara una mesa, un banquete nupcial. Como dice Isaías 62:5 "Porque como se casa joven con doncella, se casará contigo tu edificador, y con gozo de esposo por su novia se gozará por ti tu Dios." Pero Él va aún más allá: Dios nos ama tanto, incluso cuando le somos infieles, cuando nos olvidamos de Él, Él todavía espera nuestro regreso, Él siempre está dispuesto a perdonar, como el profeta Oseas siempre perdonó y acogió a Gomer, su esposa infiel.

El verdadero amor se origina y regresa a Dios, quien es la fuente de todo. Él nos creó y nos ama de una manera que podemos ver en Sus obras. Todo y absolutamente toda la creación es para nuestro bien. Tomémonos un momento para imaginar el amanecer... Dios hizo que el sol saliera lentamente, lanzando primero unos tenues rayos para que Sus amados hijos abrieran los ojos y despertaran suavemente. Puso a los pájaros a cantar a esa hora temprana del día, para calmar nuestros oídos y despertar levemente nuestros sentidos; pasas del sueño a la realidad con emociones placenteras. Al final del día el sol "se retira" de la misma manera, paulatinamente, preparando nuestros cuerpos al descanso. Esta es una señal de un Dios amoroso que se preocupa por cada detalle de nuestras vidas. Él siempre está con nosotros, diciendo: "Estoy aquí... te amo... tú me importas."

Si somos conscientes de la Presencia de Dios, sentiremos Su abrazo en nuestro espíritu y Su amor infinito envolviéndonos. Su amor es tan grande que no se puede contener. Él quiere que seamos partícipes de Su amor. Posee el amor verdadero que es incondicional y desinteresado.

El amor de los padres que cuidan a sus hijos desde el momento de su nacimiento y que sacrificarían todo por su bienestar, es sólo una "sombra" del amor de Dios. Su amor es mayor que el amor de una madre; Él dice que incluso si una madre olvidara a su hijo, Él nunca nos olvidará a nosotros (Isaías 49:15). Él nos toma de la mano ayudándonos como las madres ayudan a sus bebés cuando aprenden a caminar, mientras Él desarrolla nuestras virtudes. Él nos lleva en Sus brazos cuando nos concede dones mientras hace todo por nosotros.

Su amor es como el amor de un marido devoto y ferviente, que haría cualquier cosa por estar con su esposa y colmarla de muestras de su afecto. Este amor es difícil de describir con palabras, pero es intenso. Retóricamente hablando, Dios está "locamente enamorado" de nosotros. Su amor es más tierno e imparcial que el de la persona más noble y amorosa que jamás hayamos conocido en el mundo. Su amor es ese tipo de amor que envuelve todos los sentidos, que todo lo hace posible, y al mismo tiempo es tan incomprendido y menospreciado.

Este gran amor a menudo es incomprendido, en primer lugar porque un amor tan desinteresado y puro trasciende nuestra pecaminosidad y comprensión humanas. Simplemente lo ignoramos. Estamos tan consentidos que muchas veces lo pasamos por alto y nos centramos en los aspectos negativos de nuestra existencia. Dios nos creó a Su imagen y semejanza, y solamente por eso puede haber bondad en nosotros; nuestros malos impulsos y deseos son precisamente porque lo rechazamos por el libre albedrío que Él nos concedió para poder experimentar la verdadera felicidad, paz y amor. Irónicamente, a menudo acusamos al amor más elevado y puro de ser responsable del sufrimiento del mundo, de los resultados de nuestros propios actos y de todo lo que surge del impulso maligno que los seres humanos han atraído hacia sí mismos.

Este es un ataque paradójico e injusto a la fuente de toda bondad y compasión: el amor que nos dio la existencia y creó todo sólo por Su bondad. Él lo deseaba. Este amor vino luego en la segunda persona de la Santísima Trinidad a sufrir para rescatarnos de la muerte eterna; no necesitaba hacerlo, sino que vino por amor. Él, que decidió quedarse con nosotros todos los días hasta el fin de los tiempos para guiarnos y consolarnos de nuestros sufrimientos en nombre del amor. Él crea, rescata, consuela... y se le acusa de causar mal en el mundo o de negligencia ante nuestros problemas.

Dios te ha declarado Su profundo amor—tan profundo, que ha grabado tu nombre en la palma de Sus manos. (Isaías 49:16 "Míralo, en las palmas de mis manos te tengo tatuada...)" Las mismas manos que por amor a nosotros llevaban las marcas de la crucifixión. En Mateo 10:30, la palabra de Dios dice que Él te ama tanto que ha contado los cabellos de tu cabeza... Imagínate la forma en que un amante contaría los cabellos de su amada: No lo haría como una tarea, sino como una alegría. Tocaría y admiraría suavemente cada cabello mientras los contaba con cariño. Así es nuestro Dios enamorado.

No hay nada que pueda impedir que Dios te ame infinitamente. En Marcos 10:17-30, la historia de Jesús y el joven rico revela el amor incondicional de Dios. Jesús lo miró con compasión y cariño, aunque sabía que no lo seguiría. La Sagrada Escritura dice que Jesús lo miró y lo amó. El joven rico no tenía que ganarse el amor de Dios renunciando a sus riquezas; ya era amado por Dios *tal como era*. El amor de Dios no se basa en nuestras acciones, sino en Su gracia. Él ya nos ama. Nosotros, al igual que el joven rico, no tenemos que ganarnos Su amor, pero queremos honrarlo con nuestras obras. Al hacerlo, demostramos al mundo nuestra gratitud y devoción hacia Él.

Y este mismo amor se muestra a diferentes personas que encontraron al Señor de diversas maneras, como Zaqueo, Nicodemo y Lázaro. No son sólo figuras históricas, sino también símbolos de nuestro propio viaje espiritual.

Quiso demostrar Su amor cuando encontró la manera de que, a pesar de que Zaqueo era corto de estatura, Él tuvo que "verlo hacia arriba" al pasar por debajo del árbol donde estaba encumbrado (Lucas 19:5); no tuvo miedo de estar abajo, pues Él es el camino. Cuando se encontró con Nicodemo, lo encontró en la oscuridad y respondió todas las preguntas que tenía en su corazón atribulado (Juan 3:1); Él no tuvo miedo de llevar luz a esa oscuridad donde se encontraba, porque Él es la verdad. Y cuando fue a rescatar a Lázaro de los lazos de la muerte, las lágrimas que derramó fueron la manifestación poderosa de nuestro Dios derramándose por amor, con una fuerza capaz de resucitar a los muertos (Juan 11:38-44); Él no tuvo miedo de ir a rescatar su espíritu de las tinieblas, porque

Él es la vida. Cada una de estas figuras refleja un aspecto diferente de nuestra relación con el Señor en diferentes etapas de nuestra vida. Nuestras acciones basadas en la paciencia y la obediencia son algunas de las mejores maneras de expresar nuestro amor a Dios, quien nos ama, como hemos dicho, incondicionalmente.

Dios nos ama más de lo que podemos comprender, pero podemos intentar vislumbrar Su perspectiva. ¿Cómo ve Él a las personas que encontramos en la calle? Si miramos con Sus ojos, los veremos como Sus amados hijos. Es posible que no podamos verlos de esa manera de forma natural, por lo que podemos usar nuestra imaginación. Podemos imaginarlos como niños inocentes, o recordar que alguna vez fueron niños. Podemos darnos cuenta de que cada uno de ellos tiene una historia única, una chispa de alegría y una conexión profunda con la gracia de Dios. Puede movernos la compasión al darnos cuenta de que cada persona tiene sus propios sufrimientos y tribulaciones. Esto puede ayudarnos a superar nuestras propias críticas y prejuicios.

Nos resulta difícil imaginar un perdón que no busque 'vengarse' o que, una vez concedido, sea capaz de olvidar. También es difícil comprender el dolor de ese corazón bondadoso que, al regalarnos una flor o mostrarnos la belleza de las estrellas, recibe a cambio quejas, ingratitud o incluso rechazo. Cuántas obras de bien podríamos realizar y, sin embargo, dejamos de hacer. Por eso, vale la pena esforzarnos por cultivar la paciencia, la obediencia y la gratitud, como formas concretas de expresar nuestro amor a Dios.

El Señor nos enseñó en Lucas 10:27 el gran mandamiento cuando dijo *"Amarás al Señor tu Dios con todo tu corazón, con toda tu alma, con todas tus fuerzas* y con toda tu mente; *y a tu prójimo como a ti mismo."* Este mandamiento se divide en dos partes: la primera trata sobre amar a Dios, y que es para nuestro beneficio, corresponde a los primeros tres mandamientos que Dios le dio a Moisés. Para vivir esta parte, debemos orar por los dones de la obediencia y la humildad.

La segunda parte del gran mandamiento trata de amar a nuestro prójimo como a nosotros mismos y corresponde a los últimos siete mandamientos que Dios le dio a Moisés. Para vivir con gracia esta parte, debemos orar por los dones de la paciencia y la mansedumbre. Esto también es para nuestro beneficio, porque estos mandamientos fueron instituidos para que podamos vivir en paz y armonía, unos con otros.

En 1 Juan 4:20 encontramos: "Si alguno dice: "Yo amo a Dios," y odia a su hermano, es un mentiroso; pues quien no ama a su hermano, a quien ve, no puede amar a Dios a quien no ve."

El reverendo Adolphe Tanquerey dijo en *La vida espiritual* acerca de la mansedumbre:

"La mansedumbre puede definirse como una virtud sobrenatural, por la cual prevenimos y reprimimos la ira, soportamos al prójimo a pesar de sus defectos y lo tratamos con bondad. La mansedumbre no es esa debilidad de carácter que oculta un profundo resentimiento detrás de una conducta afable. Es una virtud interior, que existe tanto en la voluntad como en las emociones, para hacer reinar en ellas la paz; pero también se manifiesta exteriormente en palabras y gestos, en la afabilidad de los modales. Se ejerce no sólo hacia el prójimo, sino también hacia uno mismo y hacia todos los seres animados o inanimados."[7]

Para amar a los demás como nos amamos a nosotros

---

7. Adolphe Tanquerey, *La vida espiritual: tratado de teología ascética y mística*, trad. Herman Branderis, 2.ª ed. (Baltimore, MD: Saint Benedict Press, LLC, 2000), 546.

mismos, primero debemos cultivar nuestra verdad interior. Debemos ser honestos y transparentes, no dejar que otros, o nuestros sentimientos nos controlen.

"Con nadie tengáis otra deuda que la del mutuo amor. Pues el que ama al prójimo, ha cumplido la ley. En efecto, lo de: *No adulterarás, no matarás, no robarás, no codiciarás* y todos los demás preceptos, se resumen en esta fórmula: *Amarás a tu prójimo como a ti mismo.* La caridad no hace mal al prójimo. La caridad es, por tanto, la ley en su plenitud."

— ROMANOS 13:8-10

Esta deuda se refiere, no a algo que debemos "pagar" como evento final, sino a algo que debemos "regresar" al otro, para así llegar todos a la plenitud de la vida. Se cumple cuando somos fieles de corazón, honramos la vida, respetamos los bienes de los demás, y nos sentimos contentos con nuestros propios logros alcanzados—todo proveniente de una genuina disposición interna que no es esporádica, sino constante.

"Queridos, amémonos unos a otros, porque el amor es de Dios, y todo el que ama ha nacido de Dios y conoce a Dios. Quien no ama no ha conocido a Dios, porque Dios es Amor. En esto se manifestó entre nosotros el amor de Dios; en que Dios envió al mundo a su Hijo único para que vivamos por él. En esto consiste el amor: no en que hayamos amado a Dios, sino en que él nos amó y nos envió a su Hijo como víctima de expiación por nuestros pecados. Queridos, si Dios nos ha amado de esta manera, también nosotros debemos amarnos unos a otros. A Dios nadie le ha visto nunca.

Si nos amamos unos a otros, Dios mora en nosotros y
su amor ha llegado en nosotros a la perfección."

— 1 JUAN 4: 7-12

San Juan nos revela que el amor tiene sus raíces en el amor
de Dios por nosotros; cuando apreciamos la magnitud de ser
queridos por Dios, el creador de todo, el que no depende de
nosotros—y más aún, que entregó a su único Hijo para expiar
nuestras transgresiones, es decir, la impecabilidad y santidad
del Hijo de Dios para rescatar a una humanidad manchada de
pecado... *eso* es amor. Entonces vemos por qué el amor se
alimenta de la renunciación, la compasión, el servicio y la
entrega; implica estar dispuesto a ofrecerlo todo sin esperar
nada a cambio... ofrecerlo todo al máximo... y ser el primero en
ofrecerlo.

"Este es el mandamiento mío: que os améis los unos a
los otros como yo os he amado. Nadie tiene mayor
amor que el que da su vida por sus amigos. Vosotros
sois mis amigos, si hacéis lo que yo os mando."

— JUAN 15:12-14

El amor implica acción en libertad. El amor se ofrece
unilateralmente. El amor es algo que damos incondicionalmente, sin esperar nada a cambio. Sin embargo, si ambos
enamorados demuestran que se aman, se crea una unidad que
es más fuerte que cualquier otra cosa; ambos buscarán la felicidad del otro, y pondrán al amado en primer lugar. A veces
"dejar que el otro haga" significa que tendremos que practicar
la paciencia, por amor. El dolor puede existir, pero la paciencia
siempre será una herramienta muy poderosa para demostrar
amor.

"El amor es paciente, es bondadoso. El amor no es envidioso ni presumido ni orgulloso. No se comporta con rudeza, no es egoísta, no se enoja fácilmente, no guarda rencor. El amor no se deleita en la maldad, sino que se regocija con la verdad. Todo lo disculpa, todo lo cree, todo lo espera, todo lo soporta. El amor jamás se extingue. Pero las profecías cesarán, las lenguas terminarán y el conocimiento se agotará. Porque conocemos y profetizamos de manera imperfecta; pero cuando llegue lo perfecto, lo imperfecto desaparecerá. Cuando yo era niño, hablaba como niño, pensaba como niño, razonaba como niño; cuando llegué a ser adulto, dejé atrás las cosas de niño. Ahora vemos de manera indirecta y velada, como en un espejo; pero entonces veremos cara a cara. Ahora conozco de manera imperfecta, pero entonces conoceré tal y como soy conocido. Ahora, pues, permanecen la fe, la esperanza y el amor. Pero el amor es el más importante."

— 1 CORINTIOS 13:4-13

Este amor en forma de paciencia sólo puede "mostrarse" cuando damos lo mejor de nosotros por el origen de ese amor y por el amor mismo. Es, como habíamos dicho, una mezcla de paciencia y obediencia que también nos guía a la santa indiferencia, y que abre las puertas a la virtud de la humildad. Y qué humildes nos sentimos cuando pensamos en las palabras de San Pablo en 1 Corintios 13:1: "Aunque hable las lenguas de los hombres y de los ángeles, si no tengo caridad, soy como bronce que suena o címbalo que retiñe." Se nos enseña que para amar de verdad tenemos que ser como niños que, en estado de pureza, llevan dentro de sí la imagen viva del amor, la humildad, el perdón, la inocencia... la imagen de Jesucristo.

El Señor nos enseña a amar no sólo a los que están cerca

de nosotros, sino también a nuestros enemigos. Dice que la forma más elevada de amor es dar la vida por los amigos ("Nadie tiene mayor amor que el que da su vida por sus amigos." Juan 15:13). Pero tenemos diferentes maneras de dar nuestra vida. Algunos dan su vida natural como un sacrificio heroico por otros debido a circunstancias mayormente fuera de su control, pero unidos a la Voluntad de Dios. Algunos dan su vida como María, la Virgen Madre, que se entregó completamente a la voluntad de Dios, pura y santa. Algunos dan su vida confiando en la Misericordia de Dios y viviendo no para sí mismos, sino para Dios y los demás: muriendo para sí mismos y dejando que Dios viva en ellos. Algunos dan su vida difundiendo el Evangelio, llevando vida y gracia santificante a otros. Algunos dan su vida rechazando constantemente el pecado, muriendo en cierto modo a sus deseos: se esfuerzan siempre por hacer lo que Dios quiere y confiesan sus faltas; de esta manera, ofrecen toda su vida a Dios, en las buenas y en las malas; dejan que Dios vea a través de ellos, lo hacen parte de toda su vida con todas sus luchas. Son conocidos por Dios. Él conoce a Sus ovejas y Sus ovejas conocen Su voz.

Por eso, el amor del Señor nos llama a obedecer y a entregarnos con un corazón puro y una mente centrada en Dios. Al seguir Sus mandamientos, manifestamos nuestro amor por Él, aún cuando esto implique renunciar a nuestros propios deseos y a falsas pretensiones. Sin embargo, si el corazón no está purificado —es decir, si buscamos nuestra propia gloria o si nuestras acciones están marcadas por el engaño o la malicia—, entonces carecen de verdadero amor.

De igual modo, al mantener nuestra mente en Dios, podemos sobrellevar cualquier dolor, reconociendo en todo Su providencia y aprendiendo a amar Su voluntad. Como vimos anteriormente, Dios no quiere nuestro sufrimiento; pero cuando este llega, en Su bondad y poder creador, es capaz de extraer de él un bien, transformando incluso sus consecuencias en algo mejor.

Aquí se revela un doble misterio: el dolor puede ser acogido como expresión del amor de Dios que restaura, y también puede ser ofrecido por amor a Él, en el deseo de agradarle y cumplir Su voluntad.

"Respecto a lo inmolado a los ídolos, es cosa sabida, pues todos tenemos ciencia. Pero la ciencia hincha, el amor en cambio edifica. Si alguien cree conocer algo, aún no lo conoce como se debe. Mas si uno ama a Dios, ése es conocido por él."

— 1 CORINTIOS 8:1-3

Cuando la Sagrada Escritura dice que "si alguno ama a Dios, es conocido por Él," es bueno reflexionar que el amor de Dios es infinito e incondicional, y sobrepasa cualquier medida humana. Sólo podemos vislumbrar una fracción de Su amor después de pensar en nuestros pecados y cuánto nos ha perdonado. Él es santo y majestuoso y nosotros somos indignos de Su gracia. "Con amor eterno te he amado." (Jeremías 31:3)

Cuando hacemos una pausa para reflexionar en este amor de Dios, mismo que Él puso en nuestro corazón, brota como una fuente dentro de nosotros y nos lleva a pasajes de la memoria o a nobles inspiraciones que proceden de Él. Dios puede hacer palpable ese amor del que formó nuestra esencia con el torrente de agua viva, moldeándonos como al barro, y haciéndonos así partícipes de la vida de Cristo y "uno" con Él.

Él nos amó primero, y fue el primero en ofrecer Su amor. Entonces, cuando este amor se vacía hacia nosotros, se infunde en nosotros, pero quiere a su vez compartirse hacia los demás. Cuando es transmitido a los demás, recíprocamente ellos también quieren compartir ese amor con los de su entorno, fluyendo de nuevo hacia nosotros como una vertiente revolvente constante que se transmite interminablemente, y entonces la vida se convierte en un darse mutuamente, los unos a los otros.

Esta transmisión del amor de Dios crea una corriente fluida y continua, sin fin, que integra tanto elementos físicos como espirituales —inseparablemente unidos en nosotros—, pasando a través de todos los corazones en un movimiento envolvente que atrae todo hacia el centro y lo hace retornar nuevamente hacia fuera. Ahí en ese centro está el corazón de Cristo, incesantemente purificando todo lo que toca en ese movimiento que recoge y devuelve, que recibe y entrega.

Desde este amor, compartimos nuestras experiencias, consejos, sabiduría, nuestros pequeños actos de amor, e inspiraciones. Al hacer ésto, ofrecemos "lo mejor de nosotros mismos" a los demás, ayudándolos a convertirse en una mejor versión de ellos mismos. De igual manera, recibimos el amor de los demás, lo cual nos transforma en una mejor versión de nosotros mismos. En última instancia, este ciclo continuo de amor nos lleva a convertirnos en las personas que siempre estuvimos destinados a ser.

Aún cuando parece haber poco amor en nuestro corazón, ello significa un llamado mutuo a la santidad que fluye entre todos, de unos a otros, renovándonos en la vida de Cristo en el presente y conectándonos a todos a través del tiempo—del pasado al futuro.

Podemos percibir este amor emanando no solo de las personas, sino también de la naturaleza, los objetos inanimados, la música, el arte, y demás. Los elementos de la naturaleza contienen el amor que Dios infundió en Su creación, y este amor fluye de regreso a nosotros a través de Sus inspiraciones, cuando tomamos un momento para observar Su magnífica obra (Romanos 1:20). Así también, en el arte y las creaciones humanas, el amor es comunicado a través del corazón y la mente del autor, y percibimos este amor a través de nuestras propias experiencias, pues todos estamos en la presencia de Dios. (Efesios 2:10)

Ese mismo amor que fluyó por nuestros antepasados nos dejó su testimonio y experiencias personales, y entonces comprendemos que sus vidas son algo más que un simple recuerdo. Nuestros ancestros son ejemplos de vidas vibrantes, ofreciéndonos lecciones para aprender. Este amor no debe ser visto como una "fuerza cósmica," sino más bien como un canal de amor que gira como dijimos, a través de la fuente de vida—Cristo—y prevalece desde el pasado distante hasta el presente con una fuerza inquebrantable hacia el futuro.

Nuestras decisiones arraigadas en amor dan forma al futuro, al igual que las futuras generaciones influyen en nosotros. Cuando consideramos a aquellos que vienen después de nosotros—aquellos a quienes probablemente nunca conozcamos—deseamos un mundo mejor para ellos, motivados por el amor que deseamos para ellos y el bien que a nosotros muy probablemente nunca nos tocará disfrutar personalmente. Todas nuestras enseñanzas así como el bien que hagamos y los actos nacidos del amor, permanecerán por siempre—y continuarán a las siguientes generaciones, pues el amor es eterno.

Dios, al amarnos de tal manera, conociéndonos mejor que nadie, se vació a Sí mismo y descendió a las profundidades de nuestro estado quebrantado, tomando carne en nuestra humanidad.

Al amarnos al extremo se ofreció a sí mismo y bajó aún más por nosotros, al misterio tenebroso del que no se regresa y donde los sentimientos se fusionan, pues el alma contempla la verdad y el amor. Ahí, el cuerpo, que todavía tiende a la corrupción, ya no es compatible con la vida y debe esperar su glorificación en la resurrección de los muertos. Sin embargo, el Cuerpo de Cristo, totalmente santo y puro, resucitó con ese mismo poder del amor—pues siendo

Dios, no tenía ningún lazo que lo atara a la corrupción. (Hechos 2:24-33) Él ya tenía el pleno conocimiento de la verdad desde siempre, incluso antes de ascender al Padre, porque Él mismo es la Verdad. Este fue Su plan y Su voluntad. Al descender al lugar donde las almas justas del pasado lo esperaban, abrió también para ellos las puertas del Paraíso. Y al regresar de entre los muertos —siendo el primero en hacerlo— se convirtió en el primogénito de la resurrección. Su resurrección da testimonio de que todas Sus palabras son verdad.

Entonces, al "ser" *uno* en comunión con Dios en el "amor," comprendemos que para lo que fuimos creados, en esencia, es para "ser amor." Venimos de Dios—Quien *es* amor (1 Juan 4:8)—y al haber sido creados a Su imagen y semejanza, creados para la eternidad, somos llamados a un constante estado de *"ser amor"* para el desarrollo del otro. Dios nos continuará llenando con las gracias necesarias para profundizar más en este amor y conocerlo mejor, llamándonos a la oración. Al conocerlo más, inevitablemente también lo amaremos más y lo serviremos mejor, y continuaremos en nuestra búsqueda y crecimiento para acercarnos más a Su corazón. Pues no se puede realmente conocerlo y no amarlo. Debemos mantenernos vigilantes para no caer en pereza y vicios que quieren alejarnos de Él y que saben esconderse muy bien para no ser detectados.

Este amor verdadero es desinteresado, y fue transmitido a través del ejemplo de los santos del pasado—ya sea inmediato o remoto—que se despojaron de sus propias inclinaciones naturales y vanagloria. Este amor llega al presente, heredando en nosotros ese amor eterno que no busca reconocimiento, sino que desea solo que Dios sea glorificado a través de sus testimonios, causando que este amor crezca en otros. Estos santos pueden ser desconocidos para el mundo—aquellos que silenciosamente dan su vida, cuyas sus acciones son conocidas solamente por Dios—pero que están plenamente configurados a la vida de Cristo.

Vemos, pues, que este mismo amor es el que nos conduce a la santidad, ya que, al permanecer en comunión con Su pureza, somos lentamente transfigurados. No se trata de un cambio superficial, sino de una transformación interior que toca lo más profundo del alma y la va configurando con Cristo. Incluso el sufrimiento puede convertirse en instrumento de esta obra, no como un fin en sí mismo, sino como un medio a través del cual Dios purifica, moldea y ensancha nuestro corazón, haciéndonos una criatura nueva. Este amor nos lleva a una clase de perdón que no guarda nada contra nadie: un perdón que brota libremente del corazón cuando ha sido tocado por la gracia, y que convierte nuestra vida en un espacio de paz y de gozo. Poco a poco, el alma aprende a amar sin medida, a soltar, a confiar... a vivir en libertad.

Así, el alma se vuelve como una lámpara encendida para otros, y este amor —que transforma nuestra vida, y del que está hecha nuestra vida— no puede permanecer oculto. Se expande, como la marea cuando sube. Atrae, como cuando la sangre regresa a su corazón en cada latido. Y comunica la plenitud de la felicidad a todos aquellos que se acercan. Entonces diremos con San Pablo:

"Pues estoy seguro de que ni la muerte ni la vida ni los ángeles ni los principados ni lo presente ni lo futuro ni las potestades ni la altura ni la profundidad ni otra criatura alguna podrá separarnos del amor de Dios manifestado en Cristo Jesús Señor nuestro."

— ROMANOS 8:35-39

Ahora tomemos un momento para saborear este hermoso Salmo, que tan elocuentemente expresa el amor de Dios. El salmista alaba a Dios, no solo por Su grandeza, sino por su íntimo y personal amor por él; habla de como Dios lo conoce totalmente, como El lo rodea con Su amor y cuidados. Pasemos y reflexionemos en estas palabras, haciéndolas personales en nuestras vidas. Piensen en como Dios los ve, cuán profundo y único es Su amor por ustedes, de maneras en que trasciende todo entendimiento. Permítase sentirse abrazados por Su amor que los acompaña en cada momento de su vida, sabiendo que Él los conoce, y los ama sin medida. Eres precioso a Sus ojos. Su amor nunca termina.

"Tú me escrutas, Yahvé, y me conoces.
   Sabes cuándo me siento y me levanto;
     mi pensamiento percibes desde lejos;
de camino o acostado, tú lo adviertes,
familiares te son todas mis sendas.
   Aún no llega la palabra a mi lengua
     cuando tú, Yahvé, la conoces por entero;
me rodeas por detrás y por delante,
     tienes puesta tu mano sobre mí.
   Maravilla de ciencia que me supera,
     tan alta que no puedo alcanzarla.
¿Adónde iré lejos de tu espíritu,
     ¿Adónde podré huir de tu presencia?
Si subo hasta el cielo, allí estás tú,
si me acuesto en el Seol, allí estás.
   Si me remonto con las alas de la aurora,
   Si me instalo en los confines del mar,
también allí tu mano me conduce,
   también allí me alcanza tu diestra.
Si digo: «Que me cubra la tiniebla;
   que la noche me rodee como un ceñidor».
no es tenebrosa la tiniebla para ti,
   y la noche es luminosa como el día.

Porque tú has formado mis riñones,
   me has tejido en el vientre de mi madre;
te doy gracias por tantas maravillas;
prodigio soy, prodigios tus obras.
Mi aliento conocías cabalmente,
mis huesos no se te ocultaban,
   cuando era formado en lo secreto,
   tejido en las honduras de la tierra.
Mi embrión veían tus ojos;
   en tu libro están inscritos;
   los días que me has fijado,
   sin que aún no exista el primero.
¡Qué arduos me resultan tus pensamientos,
   oh Dios, qué incontable es su suma!
Si los cuento, son más que la arena;
   al terminar, todavía estoy contigo."

— Salmo 139:1-18

Postfacio

Al llegar al final de esta serie de capítulos, quiero expresar mi gratitud por su atención. Espero haber dejado que la voz de Dios hable a sus corazones al leer estas páginas y haber ayudado a encontrar un nuevo pasaje para apreciar la verdadera felicidad a través de un entendimiento católico de nuestros sufrimientos diarios y de Su amor siempre presente.

A continuación, presento una historia basada en hechos reales, narrada de forma ficticia desde la perspectiva de un ángel guardián. En ella se ofrece una representación simbólica de cómo los temas de esta obra convergen en la vida cotidiana, mostrando de manera imaginativa los acontecimientos que podrían desarrollarse simultáneamente en la realidad espiritual.

Con esta historia quiero compartir esperanza con las personas que puedan estar enfrentando situaciones similares, como un recordatorio de que Dios siempre está con nosotros y actúa en nuestras vidas, incluso si no lo vemos. Yo proporcioné las ideas y le di dirección a la historia, pero Paul Fabian escribió gran parte de ella y le dio vida, haciéndola atractiva para el lector y transmitiendo el mensaje de una mejor manera.

Al final de este libro encontrarán un enlace a un cancionero de música inspirada en estos textos, tanto composiciones originales como Salmos de la Sagrada Escritura.

Gracias de nuevo, y deseo que Dios nos llene de su amor, que podamos reconocer Su presencia en nuestras vidas para que transformemos el mundo con Su mensaje en cualquier situación y dondequiera que estemos. La experiencia de la vida es un regalo maravilloso que proviene de Él, que nos lleva a un viaje de descubrimiento y crecimiento espiritual: cuanto más buscamos, más encontramos. La infinita sabiduría de Dios siempre creará una nueva manera de revelar las maravillas de Su amor y Su plan.

"Aquello que el Padre me ha dado es *Mas Fuerte Que Todo*, y nadie puede arrebatarlo de la mano de mi Padre." (Biblia Latinoamericana, Juan 10:29)

Una Historia Corta
Paul Fabian & Angelica Cota

Yo estaba ahí cuando la guerra en el Cielo estalló hace muchos siglos, cuando el que era supuestamente el mayor, el más sabio y el más bello de nosotros se rebeló contra el Bien Supremo... y por eso, ahora tengo que luchar contra aquellos que una vez consideré mis hermanos. Hermanos por quienes hubiera dado mi vida. Hubo un gran costo en esta guerra, pero eventualmente, por la gracia del Todopoderoso, yo mismo vi a Miguel arrojar al dragón y a su legión de traidores fuera del Cielo. Una y otra vez, he mantenido la fe...

He visto al dragón sacar a las criaturas mas perfectas del Señor fuera del Jardín del Edén, haciéndolas desear ser como Dios Es. He visto al dragón liderar a Israel, el pueblo escogido del Señor cuando crucificaron a su propio Salvador. He visto al dragón sembrar suficiente discordia en la Iglesia del Salvador y llevarlos a pelear entre ellos. Matanza tras matanza, guerra tras guerra, edad tras edad...

No es sorpresa que me mantuve callado cuando el Ángel de la Destrucción sostenía en alto su espada sobre todo el mundo. Por más que hubiera deseado pelear por Dios, Él tenía otro plan en mente para mí. El me dio una y solamente una misión. En aquel entonces, no me di cuenta por completo de la gravedad del cargo que me encomendó:

Tenía que cuidarla.

Esta niña humana que nació exactamente con el mismo pecado que embargó a Eva, bajo los mismos dolores severos que Él le anunció a Eva y a su descendencia, pero... aún con todo esto, hubo aún más complicaciones con su nacimiento. Los doctores y las enfermeras alrededor de ella estaban admirados de cuan fuerte era. En mi mente, eso significaba el portento de la gran pecaminosidad de su corazón—todo el mal que estaba latente en su voluntad. No permitiría a mi corazón conmoverse por su abundante belleza e inocencia; sus ojos curiosos y traviesos eran conmovedores, pero yo ya había visto esta belleza antes... y tengo cicatrices de batallas centenarias para probarlo.

Sin embargo, a pesar de los pensamientos en mi mente, había mucho *júbilo* en el Cielo. Hasta el propio Hijo, vino junto a mi—y brillando con el gozo y amor que *es Él*, la sostuvo como si fuera un tesoro familiar que tenía perdido desde hace mucho tiempo. Con tal nobleza, inocencia y sinceridad, supe en mi corazón que Dios tenía otras intenciones mayores de las que pude comprender... pero no sabía si Su plan se traduciría en algo más. Lo único que evitaba que dudara era mi gran amor por Él y el recordatorio constante de aquellos que antes Le dijeron "no," y que ahora estaban acosando a esta niña que el Salvador consideraba digna de Él.

Amo a mi Señor. Soy Su servidor obediente, y Él me la confió para que yo fuera su guardián.

Era mi obligación. Nada más. Nada menos.

Me sostenía saber que al Señor le daba satisfacción ver a esta niña vivir—que viera salir el sol cada mañana en un mundo que yo consideraba demasiado perdido para ser salvado. La vi crecer con una crianza feliz, a pesar de la tristeza que se le acercaba al corazón cada día. La observaba mientras caminaba hacia su escuela y retozaba por los prados. Era una niña muy descuidada—crédula e ingenua. Frecuentemente se acercaba demasiado a peñascos y acantilados, sin ninguna preocupación por los peligros físicos que le rodeaban. Pero tuve que sufrir mucho para defenderla contra los mismos malos que torturaron a Job. En todas partes estaban, acechando y rugiendo.

Una de las cosas que me di cuenta de esta alma fue que ella sabía que estábamos siempre con ella. Pero confundía nuestras voces celestiales con las de las legiones de dragones. El enemigo jugaba con sus sentimientos vulnerables imitando nuestras voces para confundirla—elevaban su orgullo a alturas inconcebibles antes de arrastrarlo a profundidades que parecían inconsolables. Siempre había una lucha constante contra el orgullo.

No entendía muy bien el motivo por el que el Señor me escogió para esta labor. Toda mi vida, lo único que sabía era buscar la completa destrucción de todo mal. Pero estaba seguro de que si el Señor me confió esta tarea, no necesitaba saber el resultado.

Así que obedeceré. Cumpliré con mi obligación... y ejecutaré mi misión: protegerla.

Debo confesar que nunca antes tuve que lidiar con niños. Me preguntaba a mi mismo cual importancia podría posiblemente tener esta niña en un rincón insignificante del mundo para el gran diseño del plan del Señor.

Sin embargo, nunca hubiera sospechado lo que sucedió después...

Ella solía ir a una escuela Católica que tenía una capilla abierta a los estudiantes. La niña era como cualquier otra niña con los mismos hábitos, los mismos deseos, la misma pecaminosidad. Pero ella traía consigo algo en su corazón desde el momento en que nació; un espíritu o esencia que ninguna palabra podría siquiera esperar a aproximarse en su descripción; una profundidad tan extensa, que el concepto que el mundo tiene de "amor" no estaba ni siquiera cerca de describirla. Y fue este espíritu el que la guió a la capilla a observar los contornos del rostro de la Santísima Madre. Parecía que ella no entendía completamente quien es para ella, pero más que su perfecta belleza, había algo acerca de la imágen que la atrajo hacia ella.

No puedo explicar lo que experimenté en ese momento. El tiempo y el espacio parecían haberse detenido. Fue como si el mundo entero hubiera desaparecido por un instante; hasta me olvidé de todos los males que lo plagaban, y lo único que existía en él era ella. Fue cuando se persignó y salió de la capilla para reunirse con sus amigas afuera en la cancha que volví en mí mismo y me di cuenta de que yo seguía dentro de la capilla... sin saber qué hacer con este nuevo sentido de mí mismo que nunca antes había experimentado.

Me vi las manos... si hubiera sido posible, hubieran estado llenas de callos y desgastadas por las muchas batallas luchadas contra los que eran antes mis hermanos; cada día, ellas estaban listas para el combate y me pregunté si había quedado algo en estas manos que pudieran sentir ternura otra vez. Regresé al patio aturdido. Finalmente la vi jugando a saltar la cuerda con sus amigas y me sentí lleno de algo que no había sentido en mucho tiempo. Tenía cuidado de no permitirme más esperanzas de lo posible, para no correr el riesgo de romperme el corazón una vez más. Pero esta vez... me atreví.

En ese momento sentí un movimiento entrañable en mi espíritu, y reconocí que era Dios enviándome una inspiración que se entrelazaba con una orden: necesitaba llevarla de nuevo a la capilla.

Con un suave suspiro, le dije a su corazón, "Niña, ven conmigo. Quiero que veas algo en la capilla."

La expresión de la niña cambió inmediatamente de una sonrisa radiante a una mirada pensativa. La cuerda que tenía en sus manos se le resbaló de los dedos y le dijo a sus amigas, "Oigan... creo que necesito volver a la capilla."

Las niñas se molestaron. "Que se te olvidó?"

La niña tartamudeó. "Eh, este... un, este... ahorita regreso."

"Pero si de ahí vienes."

"Nada mas espérenme tantito. Ahorita vengo."

Me sorprendió lo obediente que fue conmigo. Tantas veces había visto la desobediencia manifestarse en el mundo... pero tal vez esto fuera diferente; tal vez ella había *escuchado y reconocido mi voz.*

Cuando se reunió conmigo en la casa de Dios, la llamé nuevamente para que se acercara conmigo a la banca que estaba ante la imagen de la Virgen. En ese momento, y sin previo aviso, la imagen pareció hacerse más real y hermosa... aunque ella no pudo ver a la Madre, su mente y su corazón se conmovieron ante la inmensidad de su majestad.

Entonces me di cuenta de que algo bajaba de la corona de mi Reina: una estrellita. Bajó de la cabeza de Su Majestad hasta que quedó enfrente de los ojos de la niña. Yo vi la estrella. Pero, por extraño que parezca... el asombro en su corazón estaba más allá de cualquier cosa que incluso yo hubiera sentido alguna vez por mi Señor. Incluso si ella no pudiera ver esta estrella, viendo su amor por su Padre... por mi Creador... puro y completo... ya quisiera yo poder sentir ésto... Me pregunté a mi mismo si lo que vio fue siquiera una estrella, o si fue algo más: una señal de su conexión radiante con Dios y su Madre.

Todo era ternura y silencio hasta que, como cualquier otro infante... empezó a gritar con alegre abandono.

Sus gritos eran tan agudos que podrían romper los vidrios, y se sentían como cuando se talla una tiza contra una pizarra.

Por muy bonita que fuera, hubiera querido haber podido decir lo mismo de su falsete. Aunque estaba tan cerca del Señor, no cantaba precisamente como los Serafines. Su grito era tan ruidoso, que hubiera sido divertido o incluso entrañable, si no hubiera sido tan doloroso para mis tímpanos.

"¡Oigan!" Gritó. "Vengan a ver!"

Poco después, sus amigas y un grupo de monjas llegaron por la puerta de entrada, todas viendo en expectativa, preguntándose con mucha curiosidad lo que estaría sucediendo. Vi a sus amigas que entraron a empujones para acercarse y ver mejor, hasta que eventualmente llegaron al lado de la niña.

"Que, hay un pleito de gatos aquí o qué?" Una de ellas dijo.

Quise tocar sus corazones para que le dieran espacio a su amiga, pero antes de que pudiera hacer cualquier cosa, vi a otras cuatro monjas que venían del convento. En todos mis años, he visto grandes profetas y santos convocar el poder del Todopoderoso... pero por alguna razón, el Señor me llena de tanto respeto ante la pura santidad que se exige en una mujer en hábito. El autocontrol y la disciplina que tienen para resistir su propia pecaminosidad son intimidantes, incluso para mí.

Tres de las monjas se veían relativamente jóvenes e ingenuas—posiblemente novicias que ni siquiera han tomado sus primeros votos—pero la cuarta... parecía ser la superiora, porque tenía demasiados años de sufrimiento en su rostro marchito. Sus ojos reflejaban una sabiduría aprehensiva, dada sin lugar a dudas por un horario estricto y una sobrecarga de responsabilidades. Cuando la niña les explicó a las monjas lo que le sucedió—la Virgen María, su corona, la estrella—, dos de las monjas se vieron entre ellas, inseguras de como reaccionar; ya fuera sorpresa o terror. La tercera monja jóven estuvo lista para saltar a la primera conclusión.

La monjita se dirigió a la madre y le preguntó, "Podría

haber sido, Madre? Podría ser esto una aparición de Nuestra Señora?"

La anciana monja no le contestó. Simplemente se acercó a la niña, y las dos de sus amigas se separaron temerosamente de ella, dejando a la niña parada enfrente de los escalones del altar de la capilla. La madre se acercó a ella con algo de dificultad, pero manteniendo su mirada interrogante fija en los ojos asombrados de la niña. Cuando finalmente llegó hasta donde estaba ella, la monja estudió cada detalle en su cara.

Una de las monjas jóvenes preguntó de nuevo, "Bueno, Madre? Podría ser un—"

"No vayas a decir que un milagro, Hermana," la anciana monja interrumpió, con su voz llena de sospecha.

"Es solamente una niña, Madre!"

"¡Una niña! Eso es todo lo que se necesita. ¡Mira alrededor tuyo!" La monja le dijo haciendo un gesto para señalar la multitud de monjas que estaban alrededor de la capilla, contemplando en silencio expectante para comprender lo que acababa de suceder. Con la voz aún baja, en un susurro feroz, continuó, "el testimonio de tres niños fueron suficientes para convertir cientos de corazones en Fátima."

"Madre, claro, fue Dios quien mandó tales—"

"Correcto. Fue Dios, *no* los niños. No sabemos qué es esto ahora. Tal vez simplemente una ilusión, o una imaginación hiperactiva, o..." La expresión de sus ojos se llenó de desconfianza y acusación. "...posiblemente una broma infantil."

La niña vio a la superiora con una expresión petrificada.

La monja continuó, "Pero he visto histerias que empezaron por mucho menos, las cuales terminaron en discordias y acusaciones, algunas de ellas en el nombre de Nuestro Señor y Su Madre. Tenemos que ser muy cuidadosas de no decir nada de esto al público. *Si* lo que ella está diciendo es cierto, entonces vamos a tener que analizar este incidente, ¿cierto?"

"¿Y como hacemos eso?" La monja joven preguntó.

"Con psiquiatras infantiles y si continúa, como último recurso... un exorcista..."

"¿Un exorcista?"

"Si esto es una fuerza espiritual... tendremos que asegurarnos de que no viene del malo. Mientras tanto, tendremos que contactar a los padres de la niña y avisarles las iniciativas que tendremos que tomar de ahora en adelante." La anciana monja se acercó a la joven y le dijo en secreto, "No permitiré que las hermanas del convento se distraigan con esta niña; no cuando todavía hay tanto trabajo por hacer en nuestra misión por Cristo."

Vi que la niña y la monja anciana se miraron, y vi miedo en la mirada de ambas ante lo que podría suceder después. Traté de tocar el corazón de la monja anciana, pero tan pronto como inicié el intento, mi mano fue abruptamente detenida por otra. Vi por encima del hombro de la monja y vi un rostro horrible; él estaba vestido con una túnica blanca y un turbante blanco, tenía piel oscura y tenía colmillos chuecos, orbes de color blanco amarillento por ojos, y su rostro tenía cicatrices que parecían que se las había hecho un león. Estuve a punto de sacar mi espada para matar esa monstruosidad cuando, de repente... él simplemente me soltó el brazo con cierta ternura.

Ahí entendí en mi corazón que no era un demonio. Parecía que era el ángel guardián de la monja anciana; sacudió lentamente la cabeza como para decirme que a ninguno de los dos nos correspondía influir en el libre albedrío de los demás hacia nuestro Señor. No la hacemos de dioses... pero nuestro deber es proteger a las almas de las fuerzas de tentación que pretenden hacerse dioses. Cuanto más miraba sus orbes blancos, más me daba cuenta de que... posiblemente estaba viendo mi propio futuro; un futuro que estaba en la oscuridad mientras guardaba constantemente la luz. Estaba seguro de que no tendría la fortaleza de soportar esa cruz—al menos no por mí mismo.

Voltcé de nuevo a ver a la niña, a punto de asegurarle en su corazón que si había visto un milagro cuando, de pronto, sus amigas vinieron a su lado. Una de ellas le dijo a la anciana monja, "Nosotras vimos estrellas también!"

Las cuatro monjas reaccionaron con sorpresa al mismo tiempo. La monja mayor dijo, "Disculpa, jovencita!?"

"Si, era una estrella al principio," la otra amiga de la niña contribuyó, "después otra, luego otra, hasta que todo estaba lleno de estrellas fugaces! Pero luego todo mundo entró corriendo aquí y todo sucedió tan rápido, que se nos olvidó que también estaba nuestra amiga aquí!"

Al principio estaba desconcertado puesto que no me enteré de lo que ellas estaban diciendo; fue hasta que vi que las dos amigas de la niña le tomaron de las manos cuando me di cuenta de que ellas habían inventado rápidamente una mentira, ingenuamente pensando que con esto venían en defensa de su amiga.

La anciana mayor las vio a las tres un poco de perfil y le preguntó a la niña con una voz de finalidad urgente, "Entonces tus amigas estaban aquí contigo?"

Vi a la niña y la vi luchar en silencio con la confusión de emociones contradictorias en su corazón. Observando expectante a su reacción, vi demasiado tarde que la oscuridad alcanzaba su corazón, antes de que yo pudiera tener la oportunidad de reaccionar. Su corazón cedió ante las palabras de sus amigas para protegerlas de ser acusadas de mentirosas, y ante el enojo de la monja que también contribuyó, ya que pronto comenzó a dudar de lo que había visto... y ya no sabía ni qué creer.

"Si, eso fue," dijo tímidamente.

"Si, que fue!?" la anciana mayor dijo.

"Si, mis amigas estaban también aquí y vieron todas las estrellas fugaces."

Indignada, pero satisfecha con la respuesta de la niña, la anciana monja se dio la media vuelta. Con coraje y en tono burlón dijo, "Hermanas, traigan a las niñas a mi oficina después de clases. Por andar causando tanta conmoción innecesaria en todas estas buenas hermanas y hacer perder el tiempo al convento con su bromita, parece que tendrán que escuchar un sermón antes de llamar a sus padres."

Su anuncio desinfló a las testigos, que salieron murmurando por las puertas de la capilla para continuar con sus deberes cotidianos. Las tres jóvenes monjas que entraron juntas agarraron a las tres amigas por los brazos con apretones mientras las alejaban del altar. No sabía qué hacer de mí mismo. No sabía qué hacer con respecto a la niña; qué decirle o cómo consolarla por haberle mostrado la verdad. En medio de todo este alboroto, vi al ángel de la anciana monja que se quedó atrás para mirarme un rato más antes de reunirse con las monjas en la escuela. Me preguntaba a mi mismo qué era lo que veía en mí; ¿Fue lo mismo que vio el Señor? Para ser sincero... todavía no sabía cómo responder algunas preguntas que tenía en mi corazón.

¿Por qué estaba yo ahí?

¿Por qué ella?

Más tarde esa noche, después de que las monjas le contaron a los papás de la niña su "bromita" y de que los padres la regañaron severamente, se quedó dormida llorando amargamente sobre su almohada; su resentimiento por la forma en que la anciana monja le habló y cómo sus padres no le creyeron lo que ella les dijo; los caprichos de un futuro donde interpretaría ser una víctima que sufrió soledad y desesperación a raíz de lo sucedido ese día. Infantil e ingenua, pero después de todo tenía solo siete años.

Aún con todo ese orgullo... justo antes de quedarse profundamente dormida, pude sentir su oración a Nuestra Señora.

Pude sentir su sufrimiento y su confusión... preguntándose si lo que sucedió realmente pasó.

Mantuve mi vigilancia mientras ella dormía profundamente sobre mi regazo. Estuve sentado allí toda la noche, protegiéndola de la oscuridad que atormentaba a las almas desde la caída de la gracia de Adán y Eva. Vi a mis antiguos hermanos merodeando como los chacales y hienas ruidosos que son, con el pálido brillo de sus ojos atravesando la noche.

Me acuerdo de la que mandaron esa noche: era una mujer alta de imponente figura y belleza salvaje. Su piel de alabastro era clara e impecable; llevaba como prenda un largo camisón negro y su largo y ondulado cabello era negro como un cuervo; su rostro, inocente y recatado; sus ojos, oscuros y penetrantes. Ella no caminó hacia mí. En cambio, caminó alrededor de los pies de la cama y se arrastró sobre el colchón, junto a la niña, como una advertencia para mí de sus malvadas intenciones...

Pero se inclinó hacia mí y quedó muy cerquita, casi rozando mi cara.

Sus labios carnosos se acercaron a mi oído y me hablaron en un susurro entrecortado: "Eres un gran guerrero; un soldado en el camino de la luz. ¿Por qué crees que tu Maestro te puso aquí? Un hombre con tus talentos cuidando a una niña olvidable que nadie recordará ni siquiera un año después de su muerte? Porque Él te tiene miedo. Él sabe lo peligroso que eres para Él y Su reino... Mira, la humanidad no necesita que nosotros arruinemos sus vidas; ellos pueden hacer eso solos... no dejes que te arrastren con ellos. No es demasiado tarde. Huye conmigo y podremos comenzar una nueva vida en la que—"

Entonces, antes de que pudiera siquiera reaccionar, saqué un cuchillo que tenía escondido bajo mi manga, y lo presioné contra su cuello. La mujer quedó helada mientras la niña seguía dormida en mi regazo. Vi su cuello tensarse mientras trataba de tragarse su propio miedo ante lo que sabía que venía.

"No confundas este momento por misericordia o vacilación, mi ex hermano," dije, bajando la voz a un gruñido gutural. "Si, ya sé lo que eres. Puedo *verte*. No necesitas perder tu tiempo y energía conmigo, la decisión que tomé es definitiva. En unos momentos tú mismo vas a poner fin a este acoso... pero antes de eso, quiero que escuches nuevamente la magnitud de tu propio fracaso. Has conquistado los corazones de los ángeles y de los hombres desde el principio de los tiempos; han violado y asesinado a su manera y, sin embargo, todavía no estás satisfecho. Y toda esa muerte y destrucción, todo ese sufrimiento, te ha traído aquí... al lado de la cama de esta niña "olvidable." Y todo lo que tuvo que hacer para detenerte... fue decir una pequeña oración justo antes de quedarse dormida. Estas oraciones son las que guían mi espada, ex hermano."

Entonces la mujer dijo ahogadamente: Pero no le dijo vuestro Señor a Simón Pedro: "El que vive a espada, a espada morirá"?

Me burlé y subí un poco más la navaja en su cuello. "Esta cosita? No, esta ni siquiera es mi espada. Si fuera por mi Señor y Sus ángeles, no habría ni siquiera espadas en lo absoluto. No, esta daga de aquí? Esta le pertenece a tu amo. Todavía estaba viendo la forma en que iba a mandársela de regreso.

En ese momento, vi sus ojos brillar en pánico y rabia. Sus dientes perfectos se convirtieron en caninos y soltó un grito espantoso mientras sus brazos se lanzaban hacia la niña que dormía en mi regazo. Luego, en un movimiento fluido, la navaja descendió por su garganta, por su propia acción —cuando intentó acercarse a la niña—y una sombra negra se derramó de su herida hasta que todo su cuerpo se convirtió en una nube de humo negro.

Mientras el humo se desvanecía en la noche, miré por la ventana y noté que el sol acababa de asomarse por el horizonte. Los pájaros habían comenzado a cantar sus melodías matutinas, los árboles susurraban con cada brisa que pasaba y las criaturitas jugaban alegremente afuera. La niña todavía estaba somnolienta. Se sentó a los pies de la cama y se frotó un ojo con uno de sus nudillos. Mientras caminaba hacia la ventana miró hacia el sol y sintió que su calor rozaba su rostro.

Esta era mi batalla cada noche de su juventud. Cada noche, alguno de los que antes eran mis hermanos vendría a visitarme—y cada noche, terminaría de la misma manera: yo, viéndolos a los ojos, viendo la crueldad absoluta donde antes hubo piedad. Cada noche, la fortaleza e inocencia de esta niñita eran probadas; me quedaba literalmente sorprendido por cuán astutos esos que antes eran mis hermanos se habían hecho.

Pero cada noche, me mantuve firme en mi lugar.

Cada noche... porque amo a mi Señor... y mi Señor la ama, a *ella*.

Continué contemplándola desde arriba, preguntándome qué era lo que la hacía tan especial para ellos. ¿Por qué trataban tanto de alejarla *a ella* del camino de la luz? ¿Por qué querían verla tropezar y caer? ¿Qué les llamaba la atención de esta niña?

Pero también la vi caer, como dice la Sagrada Escritura, siete veces cada día. No sucumbía a los peores pecados, pero de igual manera batallaba con su coraje e impaciencia.

Yo no veía qué era lo que ella estaba sacrificando—si acaso estaba sacrificando algo. Pero diré ésto: se levantaba ante cada caída, nunca dejándose vencer por la desolación, abriendo su corazón un poquito más al Señor. Y cada vez, el Señor la perdonó y renovó la esperanza que estaba en su corazón. Y a pesar de todo, no podía evitar sentir...

Gozo. ¡Gozo! De entre tantas cosas, ¡puro y total gozo! Cada victoria que ella ganaba, grande o pequeña, se la ofrecía al Señor. Todavía me faltaba mucho para comprender la importancia de esta niña, pero no pude evitar este sorprendente deseo que se esparcía dentro de mí como un incendio forestal: proteger a esta niña—al centro del regocijo de mi Señor—de todo el mal que la rodeaba.

Con tal gozo, mi voluntad se sentía indestructible. En cada uno de esos momentos, sentía que podía exterminar a cada uno de la legión del dragón—que mi orgullo justo contra el malo podía equipararse con el de su orgullo contra Nuestro Señor.

Eso me horrorizaba.

Me animaba.

Todo era... por ella... y yo seguía preguntándome: ¿por qué ella?

El tiempo siguió su curso cuando la niña tenía trece años, yo tenía una conexión más profunda con ella. No era que me había encariñado con ella—no—pero sus padres le habían inculcado que yo siempre estaba con ella protegiéndola. Solo por virtud de esta percepción espiritual se pudo profundizar nuestra relación, porque si yo estaba con ella, significaba que el Señor la amaba lo suficiente como para mandar a uno de Sus mejores guerreros a su lado.

Ella no estaba exenta de las tribulaciones usuales del espíritu, pues la adolescencia viene con su propio dominio de serpientes. Cada mañana y cada noche, se vería en el espejo, como para forzarse a organizar las piezas de un rompecabezas recientemente adquirido. A pesar de que mi mente era muy poderosa, no podía conocer todo lo que estaba en los pensamientos de la niña así como lo sabía mi creador. Correspondía solamente al Señor conocerla realmente por quien ella era.

Y aún así, a este punto, aprendí a conocer a la niña lo suficiente para saber sus emociones con un cierto grado de certeza, simplemente al leer sus expresiones y modos. Se sentía extraño saber que eres el único testigo de la luz que irradia de sus ojos cuando hablaba con Dios; yo sentía una responsabilidad significante de cuidar esa conexión más allá de lo que yo era digno de darme cuenta.

Esto era solo entre ella... y Dios...

Hoy, ella estaba arreglándose el cabello en una cola de caballo, manteniendo esa misma expresión de serenidad en su rostro. Vi una figura oscura sin forma que estaba parada de pie detrás de ella en el reflejo, una que había conocido desde el principio de los tiempos. Estaba parado donde yo debería haber estado parado. Entonces, me di cuenta: Ella ya no estaba reconociendo la imagen de Dios en su rostro, sino, más bien, *solamente* un rostro hermoso: un ego que aún no había comprendido completamente en lo que estaba destinada a convertirse.

Antes de que la superficialidad de su vanidad inundara las profundidades de su espíritu, le dije en su corazón: "Recuerda, niña, de dónde viene tal belleza." Tan pronto como dije esto, ella volvió a su estado de oración, reflexionando sobre Dios mientras reflexionaba sobre su rostro. Miré de nuevo hacia la sombra, y vi que mi reflejo había vuelto allí nuevamente donde había estado parada la oscuridad. Ahora estaba detrás de mí, retrocediendo—su cabeza retorciéndose en el suelo en agonía como una serpiente marchita. No había terminado—lo sabía. Él volvería.

Más tarde ese día, dos amigas de la infancia estaban en su casa preparándose emocionadas para una fiesta. Crecieron, pero todavía eran jóvenes y llenas de vida, ansiosas por experimentar algo que creían sería una aventura. Las observé parado junto a la ventana de la habitación, sonriendo mientras escuchaba sus chistes inocentes.

Las vi otra vez. Entre los pies de las niñas vi formas en el suelo materializarse y retorcerse como serpientes y ciempiés. Me mantuve alerta, preparándome para el próximo ataque que sabía que el maligno estaba enviando. Un impulso casi me llevó a hacer que la niña se diera cuenta del peligro que se avecinaba, porque conocía los muchos peligros que acechaban en la noche: los rayos y flechas de las tentaciones que podrían desviar a las niñas del buen camino.

Pero solo podía proteger el silencio dentro de ella, para que pudiera discernir al Consejero Divino de los otros espíritus malignos. Esta era *su* prueba, no la mía. Con tantos de estos espíritus rodeándome y merodeando sobre las chicas, solo podía pensar en caer de rodillas para interceder con una oración por ellas.

"¿Están listas chicas?" dijo una de las amigas de la niña, sacudiendo el vestido rojo y negro que eligió en la tienda de segunda mano cercana. "¡Quiero ver cómo me veo con este vestido en la pista de baile!"

La otra amiga respondió: "¡La fiesta va a estar increíble! ¡Ya quiero bailar y divertirme!."

"Anda ya dilo: solamente te estás arreglando porque crees que él estará allí, ¿verdad?" La amiga que estaba al lado de la niña bromeaba con su otra amiga mientras le daba un codazo.

La otra amiga respondió secamente: "¿Podemos darnos prisa, por favor? ¡Deberíamos estar agradecidas de que nuestros padres nos dieron la oportunidad de ir a esto!

La niña a la que estaba custodiando añadió: "Si estamos todas listas, ¡entonces vámonos! Pero tengamos cuidado, ¿vale? Hay gente mala por ahí."

La primera asintió: "No te preocupes, nos mantendremos unidas. No nos pasará nada malo." La niña suspiró, deseando poder creerle a su amiga.

Cuando las tres niñas fueron al garaje de la niña donde su padre esperaba pacientemente en el auto, cuando él las vio actuó sorprendido y dijo: "¿Estoy en el lugar correcto o es un concurso de belleza?." Todas se rieron de su broma, sus ojos brillaban de asombro mientras esperaban la aventura que se avecinaba, respirando el aire que estaba lleno de promesas.

Una vez que el padre las llevó al lugar, el trío se despidió de él y luego corrieron al salón de la fiesta. A medida que se acercaban a la entrada, me di cuenta de que la niña, quien seguía a sus dos amigas sintió una oleada de emoción y anticipación. Observó la agitada vida de la ciudad, las bocinas de los coches que pasaban y las chicas que vitoreaban; las plantas junto a la puerta de entrada del salón fueron un toque acogedor, añadiendo un toque de verde y frescura a la fachada, que de otro modo sería tediosa. La puerta estaba ligeramente entreabierta, dejando salir un rayo de luz y música que la invitaba a unirse a la diversión. Podíamos escuchar los ritmos de las canciones pop resonando en el aire, una mezcla de melodías alegres que les hacían sentir ganas de bailar.

Ella fue la última del grupo en entrar y fue recibida por un ambiente cálido y animado. Los adoquines del suelo daban al salón un aire rústico y acogedor, contrastando con las decoraciones modernas y coloridas que adornaban las paredes y el techo. En el salón, la gente se empujaba unos contra otros mientras bebían en vasitos de plástico y reían como si el mundo exterior no existiera. Seguí a la chica entre la multitud, quien, por la sonrisa en su rostro, me di cuenta de que estaba empezando a sentirse ambientada. Más temprano, el grupo de amigas se había dicho entre ellas que esta iba a ser una gran velada.

Sin embargo, yo seguía viendo esas pequeñas serpientes moviéndose entre ellas.

"¡Vamos!" Una de sus amigas la agarró por la muñeca hacia la pista de baile, pero mientras se abrían paso entre la gente, un chico de su edad se les acercó. Era el tipo de chico que podía hacer latir el corazón de cualquier chica. Tenía una sonrisa encantadora, ojos brillantes y una arrogancia segura. Sabía cómo coquetear, cómo provocar, cómo hacerlas reír. Siempre estuvo rodeado de admiradoras, pero nunca pareció inclinarse hacia una. Esta noche no fue diferente, pasó el tiempo con este grupo de amigas, sin dar ninguna indicación peculiar sobre quién era su interés... aunque sus ojos tenían la tendencia de vagar hacia los ojos de la niña.

Aproximadamente una hora después de que el padre de la niña las dejara en la fiesta, estaba de regreso en la puerta de entrada del salón, haciéndoles señas para que vinieran. Su expresión parecía muy preocupada y su mirada urgente parecía convocarlas; cuando se acercaron a él, le anunció a la niña: "Tu tía se enfermó gravemente y tenemos que volver a casa." Las chicas se preocuparon, pero en sus expresiones también había decepción porque el único viaje a casa iba a tener que llevarlas de regreso demasiado temprano.

Vi una de las serpientes correr hacia ellas, mordiendo a una de las niñas en la muñeca antes de disiparse en humo negro. La amiga no reaccionó a esta tentación, pero ella y la otra amiga intercambiaron miradas inquietas. La niña les dijo a sus amigas: "¡Ustedes regresen más tarde a la fiesta!. Pueden contarme todo mañana." Rápidamente se despidieron de las personas con quienes se encontraron y luego el padre de la niña las llevó a sus casas respectivamente, disculpándose con sus padres quienes mostraron simpatía ante su situación.

El viaje en coche desde las casas de las amigas tomó más tiempo que nunca; un vacío sombrío flotaba en el aire y envolvía sus pensamientos. Incluso después de que las amigas se fueron, me di cuenta de que la niña sentía la necesidad de llenar el silencio. Antes de que se le ocurriera algo, el padre finalmente le dijo: "Después de que te dejé en la fiesta, tu madre recibió una llamada del médico diciendo que estaba en casa de tu tía y que teníamos que ir inmediatamente para llevarla a nuestra casa; dijo que sucedió algo inesperado y que tu tía ya no debería vivir sola. Entonces, la recogimos y trajimos algunas de sus cosas para que se sintiera más cómoda aunque no estuviera en su casa. Rápidamente la trasladamos a la habitación de invitados, pero tu madre y yo nos sentimos nerviosos por toda esta situación."

En cuanto el padre metió el auto en el garaje, la niña ni siquiera esperó a que se apagara el vehículo antes de abrir la puerta y correr hacia la entrada; cuando cruzó la cocina, cogió una bandeja de galletas colocada sobre la barra de la cocina para no aparecer con las manos vacías. Me pregunté por qué haría tal cosa si realmente tenía tanta prisa por ver a su tía, pero vi en la expresión de la niña que no estaba pensando cuando agarró esa bandeja... solo necesitaba algo a lo que aferrarse, preparándose para afrontar la condición de su tía. Entonces recordé lo peculiar que actúa la mente humana cuando se prepara para lo terrible.

Cuando entramos al dormitorio, lo primero que me llamó la atención fue la serena puesta de sol que se filtraba a través de los vitrales; los luminosos rayos de luz salpicaban las pinturas enmarcadas de santos y ángeles de estilo renacentista. Sin otro contexto, me habría imaginado en una pequeña y austera capilla... si no fuera por la sencilla cama que había bajo un gran crucifijo colgado en la pared. En la mesita de noche junto a la cama había una Biblia forrada en cuero, una libreta y un jarrón con rosas frescas que llenaban el aire con una dulce fragancia.

Acostada debajo de la colcha blanca de la cama había una mujer anciana y frágil. Llevaba un vestido azul con un chal blanco y su cabello plateado estaba cuidadosamente peinado. Entre sus huesudos dedos sostenía un rosario y movía el pulgar de una cuenta a la siguiente. Su rostro estaba arrugado y cansado, pero también había una paz y una plenitud radiantes que nunca había visto ni siquiera en los rostros más jóvenes... como si finalmente hubiera encontrado la comunión con algo dentro de ella que era más grande que ella misma.

Después de caminar hacia la mesa de noche para dejar la bandeja, la niña le ofreció una galleta a su tía y le preguntó con una cálida sonrisa: "Hola, tía. ¿Cómo te sientes?"

La tía le devolvió la sonrisa y respondió: "Me siento bendecida, querida. Gracias por venir a visitarme." Luego, después de tomar una galleta, bromeó: "¡Oh, por favor, puedes sentirte como en casa!"

La niña se rió: "¡Pero tía, estoy en casa!"

Los dos hablaron hasta bien entrada la medianoche. Mientras tanto, me quedé a distancia, escuchando parte de su conversación. La niña estaba hablando de su breve encuentro con el chico en la fiesta; Ella continuó diciendo que sentía cierta conexión con él y lo encantador que era. La tía sonrió, pero le advirtió: "Recuerda que estar cerca de una criatura tan graciosa y amable como tú puede hacer que tus amigas se sientan tentadas a envidiarte."

La sonrisa de la niña se desvaneció, reemplazada por una expresión de asombro; yo quedé asombrado por sus palabras también, pues supo prever un problema y guiar a su sobrina, quien la escuchaba en silencio y con respeto. Me di cuenta de que la niña no quería creerlo, y no le gustaría si sus amigas estuvieran resentidas con ella. Volvió a mirar a su tía y sonrió con una sonrisa cansada; cuando la tía vio esto, abrió los brazos para abrazarla tan fuerte como pudo. La mujer estaba tan atenta a las inspiraciones de Dios, que sus palabras de sabiduría parecían fluir con naturalidad.

Mientras se abrazaban y rezaban juntas, dando gracias por todas las bendiciones que habían recibido, sentí una sensación cálida y reconfortante entrar en la habitación... como si de repente una presencia santa la llenara. Miré al otro lado de la habitación... y vi a un anciano de barba con ropas de pastor desaliñadas y una cruz procesional a modo de bastón de pastor. Por un momento, pensé que la presencia era Él... pero me di cuenta de que era solo el ángel guardián de la tía, también sonriendo a algo más allá de sí mismo. No cruzamos ninguna palabra entre nosotros. Simplemente disfrutamos de la calidez de la luz compartida entre la tía y la sobrina... un breve respiro del deber de toda la vida que nuestro Señor nos encargó.

El lunes siguiente, después de terminar sus primeras cinco clases, la niña se sentó en una larga mesa de la cafetería con sus dos amigas sentadas frente a ella. Ella no estaba hablando ni mirándolas; simplemente se dedicó a picar la comida con el tenedor sin siquiera comerla. No se atrevió a reunir el coraje para contarles a sus amigas sobre la condición de su tía. Pude ver que sus amigas reconocieron la inquietud en sus ojos, pero no lo mencionaron.

Por fin la niña logró decir con un susurro entrecortado: "Lamento haber arruinado su noche. Sólo estoy... preocupada por ella. Ella no está... bien... y tenemos que ayudarla en..."

Entonces, una de las amigas de repente se levantó de la mesa y le dijo a las otras dos: "Ya no quiero ser amiga de ustedes dos." Antes de que la niña llorosa pudiera siquiera comenzar a procesar la abrupta declaración de su amiga, ésta añadió: "No estoy encadenada a ustedes, y ahora quiero salir con las niñas de la preparatoria. De todos modos, probablemente estés exagerando para conseguir simpatía y atención, no necesito personas como tú en mi vida. "

La chica y su otra amiga simplemente se quedaron allí, incapaces de procesar lo que acababa de suceder. Volví a mirar a la niña y vi demasiadas emociones para que una sola persona pudiera soportarlas en un solo momento: la confusión y el desconsuelo en medio de la crueldad de las palabras de su amiga. Ese dolor era tan palpable que parecía haber pasado del reino mortal al espiritual, su corazón roto rompiendo el mío. Cómo deseaba que ella sintiera mi presencia, aunque fuera solo para ofrecerle alguna medida de consuelo.

Pero no me correspondía asumir el papel que sólo Dios podía cumplir. No sería justo para ella negarle el consuelo constante de Dios, pero era una tortura imaginar el sufrimiento en la mente de esta niña. Estaba tan distraído por su desolación hacia su amiga... que había descuidado por completo su conexión con la otra.

"Oye," comenzó la otra amiga, "podemos ir con esta santa mujer, ella nos puede contar qué está pasando con esta amiga... y mientras estamos ahí también podemos preguntarle sobre el chico... no creo que ella sea adivina, porque dice muchas oraciones durante las sesiones, así que debe de estar bien."

"No lo sé..." suspiró la niña. "Mamá siempre me advierte sobre los adivinos y..."

La amiga interrumpió: "Ya te dije, no creo que esta mujer sea una adivina, ya que seguramente dirá algunas bendiciones antes de que comiencen las sesiones. Por lo que entendí que dijeron mis compañeros de estudios sociales..."

Mientras su amiga comenzaba a describir el procedimiento de la sesión, vi que caminando entre el mar de jóvenes que llenaban la cafetería había una hermosa joven vestida de negro, virtuosamente portando un largo velo; en cualquier otro contexto, la habría tomado por una postulante que aún no había hecho sus votos en un convento. Pero ella lloraba en sus palmas mientras un ángel la sostenía dándole consuelo. Había algo en la presencia de la mujer que parecía... extraño. Una cierta quietud en el dobladillo de su ropa negra, que llegaba hasta el suelo, parecía más deslizarse sobre el suelo en lugar de moverse con cada paso que daba... Sabía en mi corazón que todo esto era un engaño.

Entonces, la niña le dijo a su amiga: "Déjame pensarlo" y en silencio trató de discernir su decisión acerca de la idea de su amiga.

Mientras ella elevaba su espíritu al cielo, vi a mi Reina parada al lado de ella. Entonces, vi a la mujer del engaño levantar el rostro de las palmas... y contemplé el terrible aspecto de otro de los hermanos caídos. "Su" rostro macabro se hizo viejo y arrugado, las cuencas de sus ojos y su boca eran hoyos negros como el alquitrán, y su vestimenta se hizo gris espectral y sucia, ya no tenía velo y su cabello era áspero, blanco, largo y despeinado. El "ángel al lado" de esta mujer... en realidad estaba fusionado a su espalda como una joroba hinchada y tumoral, estaba en el cuerpo de su propio huésped, y de su rostro brotó la retorcida boca de una sanguijuela que, hambrienta de cualquier luz que aviva los fuegos del infierno, empezó a devorar el suelo. Un monstruo parasitario que desafiaba tanto las leyes de la naturaleza como las de la armonía. Pero al igual que con todos mis otros hermanos caídos... milenios de horror negro y pecado llegaron a su fin...

Terminados por las oraciones de una niña...

Las lágrimas que corrían por las mejillas de la niña se secaron y, aunque todavía podía ver rastros de su dolor en sus ojos, había una nueva sensación de serenidad que emanaba de su rostro. Sus pensamientos estaban claros y su corazón estaba tranquilo.

Finalmente le dijo a su amiga: "No, creo que estoy bien. Prefiero no ir. Pero gracias por pensar en mí."

Cuando sonó el timbre para la siguiente clase, la amiga dijo: "Está bien. Si cambias de opinión, avísame antes de que terminen las clases. Planeo ir esta noche; tengo demasiada curiosidad por saber qué le pasa a nuestra amiga. Te avisaré si me dice algo..."

La niña agarró a su amiga por la muñeca y le suplicó: "Creo que eso está mal. Por favor, sólo... hazme un favor. No vayas."

"¿Esto realmente significa tanto para t—"

"Sí."

Ante esto, la amiga suspiró un simple "Ya veremos" y dejó a la niña con una cálida sonrisa.

Yo todavía no entendía por qué esta niña era tan importante en el gran orden de las cosas, al parecer no tenía nada en particular. Y otra vez vi cuán arduamente el malo trabajaba para desviarla. ¿Por qué? Por qué ambos se esforzaban tanto por esta alma—la devoción del Señor, la obsesión del dragón? Esta niña, aniñada e ingenua, tenía algo en su naturaleza que mi Señor amaba y al mismo tiempo amenazaba al dragón—un tipo de belleza que solo Dios y el que una vez fue el mas hermoso de los ángeles, pueden entender.

Al menos ahora veía como tal belleza estaba empañada por la tristeza. Ella necesitaba tenerme como amigo a su lado, para que yo viera por ella en la oscuridad, donde ella no podía ver.

Esa noche y el día siguiente, el estado de la tía no hizo más que empeorar, aunque por el momento se encontraba estable; durante sus clases, me di cuenta de que la niña estaba muy distraída y no se podía concentrar en sus estudios.

Durante el recreo buscó a su amiga y la encontró junto a la ventana de la cafetería hablando con algunos de sus compañeros de la clase de música. Cuando la niña se acercó a ella, su actitud era esquiva y desdeñosa; la niña gritó su nombre, pero incluso cuando estaba a sólo cinco pasos de distancia, su amiga no pareció escucharla. Otra vez la niña no entendía lo que estaba pasando.

Antes de que la niña llegara hasta donde estaba, pude escuchar a la amiga decirle a sus compañeros de clase: "Denme un segundo, tengo que encargarme de esto."

"¡Ey!" la niña le dijo ansiosamente. "¿Dónde estabas? No te vi esta mañana; Me estaba preguntando dónde estarías."

"Estaba ocupada," respondió la amiga, con un tono frío y distante.

"¿Podemos hablar por favor?"

"¿Acerca de?"

"Acerca de por qué me has estado esquivando. ¿Hice algo mal?"

"No lo hiciste..."

"...¿pero?"

"Lo vas a hacer."

"¿Lo voy a hacer? ¿De qué hablas?"

La amiga suspiró: "Finalmente terminé yendo con la mujer santa para explicarle las vibras tóxicas de nuestra amiga del otro día." Cuando dijo esto, el rostro de la niña se llenó de preocupación, y me di cuenta de que las serpientes que vi la noche de la fiesta estaban enredadas alrededor de los pies de la amiga.

La amiga continuó: "Dijo mucho, pero lo esencial fue que la razón por la que nos dejó fue porque íbamos a ser traicionados por una amiga... y que ella intentaría robarme el corazón del chico. "Cuando le pregunté cómo era, me preguntó cómo era la única amiga que me quedaba. Le describí tus ojos, tu cabello, tu ropa... ella confirmó hasta el último detalle..."

La niña parecía que había quedado paralizada, impresionada por las palabras de su amiga. Yo mismo tampoco podía creer que alguien tan querida y cercana a su corazón pudiera siquiera *insinuar* que ya no podía confiar en ella.

Entonces dijo su amiga: "...así que... creo que eso es todo. Adiós para siempre."

Mientras la amiga se alejaba de la vida de la niña, se sentía como si el sol se hubiera puesto en un capítulo de la vida de esta niña. Lo vi de nuevo en su rostro: la confusión y el dolor desgarrando su conciencia. ¿Era esto lo que Cristo sintió cuando Sus discípulos le fallaron? ¿Era esto lo que Su Padre sintió cuando el diablo despreciaba todos Sus regalos? ¿Era esto lo que el diablo quería? ¿Forzar a los hijos amados de Dios a culpar de su sufrimiento a Dios?

Justo cuando comencé a orar para que el Señor le concediera alivio de este dolor, vi acercarse a seis de mis antiguos hermanos. Estaban vestidos con la ropa típica de empresarios o abogados, llevando trajes hechos a medida y maletines que reflejaban su profesionalismo y competencia. Preparé mi espada, pero la fuerza de la desesperación de esta niña casi me desarma. Unas enredaderas espinosas y ramas me envolvieron. Luché durante mucho tiempo para recuperar la ventaja, abriéndome camino de nuevo hacia la niña como si estuviera cortando a través del denso bosque interminable. Pero para cuando pude abrirme paso fuera de la confusión—

Era demasiado tarde.

Mis antiguos hermanos habían rodeado a la niña, rodeándola como lobos. Uno por uno, se adelantaron y le susurraron al oído: "Conozco el dolor, pequeña. El dolor de ser rechazada por alguien que pensabas conocer como la palma de tu mano. Y es peor cuando te das cuenta de que... tienen razón sobre ti..."

Otro demonio habló: "Nunca has valido la pena. Tus amigas solamente te tenían lástima porque te veían como un gusano."

"Pero de hecho, eras una serpiente."

"Finalmente pudieron deshacerse de ti."

"¿Crees que alguna vez podrás superar ésto?"

"Nunca tendrás amigas otra vez."

"Te quedarás sola."

"Por siempre."

Después de abrumar a la niña con estas ideas, se fueron. Me apresuré a su lado para susurrarle palabras de aliento, pero ella estaba demasiado enfocada en las palabras seductoras de esas sombras oscuras. Estaba completamente sorda a mi voz. No quería compartir nada de esto con su familia, así que cuando regresó a su casa se dirigió directamente a su habitación. Su madre notó su tristeza y se acercó a la puerta de su dormitorio.

"¿Hola?" llamó ella.

No hubo respuesta. Nada más que el sonido de sollozos ahogados en una almohada. No sabía qué más hacer. Su madre, sintiéndose insegura y conmovida por el amor, solo podía ofrecerle su dulce voz a través de la puerta: "Te amo... buenas noches..."

La niña ni siquiera pudo responder. Esa noche lloró hasta quedarse dormida... o eso pensé.

Entonces tuve una idea: ir a la fuente.

Cuando pensé que estaba profundamente dormida, no estaba seguro si ella sería capaz de escucharme o no, pero al menos su mente estaría abierta para escuchar otras cosas además de las palabras de desánimo, así que levanté los ojos y visité el salón del trono del Señor. Cuando le expuse el problema al Señor, Él me agradeció por lo que estaba haciendo y dijo que estaba consciente de la situación. Él tenía un plan y *me* iba a conceder un favor, que permanecerá conmigo por toda la eternidad. Estaba muy feliz de ser parte de este maravilloso plan y esperaba expectante el resultado.

Cuando parecía que la niña estaba dormida porque tenía los ojos cerrados y ya no estaba sollozando. Le dije al oído lo que el Señor me pidió que dijera, pero después de eso no escuché nada más, así que no supe lo que estaba pasando. Aunque sí vi la expresión en el rostro de la niña que se relajó y se volvió pacífica durante su sueño.

Definitivamente algo había cambiado.

En la siguiente hora fui testigo de un hermoso amanecer que fue el preludio del día de la niña para llenar su corazón de esperanza y agradecimiento. Mientras el cielo se transformaba lentamente de un tono negro a un azul claro, en la cama, la niña se despertó con los tenues rayos del amanecer que acariciaban su rostro, y los trinos matutinos de los pájaros la sacaron suavemente de su sueño.

Abrió los ojos y algo entre esperanza y acción de gracias apareció en su rostro; seguí su mirada a la ventana y vi el árbol en su patio trasero, las nubes en el cielo y un arco iris que fluía sobre el cielo como un recordatorio duradero del convenio del Señor con Su creación. El aire estaba perfumado con el aroma de flores frescas...

Se preguntaba sobre su sueño y lloró... pero esta vez eran lágrimas de alegría. Los sentimientos que ella estaba viviendo eran tan fuertes, que tuve que pasarle urgentemente el mensaje que recibí del Señor y se lo susurré a su corazón: "Dios tendrá que quitarte el sentimiento sensible de esta gracia, para que puedas propagar esa misma gracia al mundo."

Era sábado. No tenía que ir a la escuela y no veía la hora de ir a visitar a su tía. Después del desayuno, corrió escaleras arriba y cuando entró en la habitación de su tía... la anciana que se veía cansada y frágil, estaba aparentemente dormida. En silencio, la niña acercó una silla a la cama de su tía, pero parecía que ni siquiera se dio cuenta de que la niña había entrado en la habitación. La niña tomó aire para pensar en lo que le iba a decir a su tía, y dijo:

"Querida tía, quiero compartir algo contigo. Estos últimos días han sido para mí como una montaña rusa de emociones. He tenido algunas experiencias decepcionantes que hicieron que mi espíritu se hundiera. Anoche estuve en mi punto más bajo, sintiendo una tristeza extrema. Tenía los ojos cerrados, pero todavía estaba despierta. Todo estaba oscuro, pero en mi mente seguía repitiendo como en una película, todos estos acontecimientos que me estaban volviendo loca.

"De repente escuché muy claramente quién sabía con seguridad era la voz de mi Ángel de la Guarda que me decía 'Ahora prepárate, porque vas a hablar con el Señor', entendí que iba a tener una conversación con Jesús, para hablar de mis problemas. Hubo un pequeño silencio y pregunté en mis pensamientos si Él estaba allí. '¿Señor?'... pero cuando pronuncié en mi mente esta única palabra, comprendí en mi corazón que me dirigía a Él, y que la grandeza que es Él, Su soberanía, Su Señorío y Su majestad, Él, me iba a hablar a mí también. Él primero respondió "¿Sí?"... pero con esta respuesta sentí, en esa sola palabra, todo Su amor y apertura a mis pequeños problemas, Su ternura, Su amistad y cuánto se preocupaba por mí.

"Estando aún despierta, en mi mente comencé a explicarle todo, todos mis problemas y mis sentimientos; pero sucedió algo muy extraño, porque incluso cuando mentalmente estaba conversando con Él, comencé a tener pensamientos intrusivos al mismo tiempo que intentaban distraerme de ese momento. ¡Y entonces Jesús empezó a hablarme también en los pensamientos de mis pensamientos! Decía: "No me importan esos pensamientos, no les hagas caso, no están unidos a tu voluntad." Entonces era como si estuviera teniendo una doble conversación con Él al mismo tiempo, muy extraño; era como si en cada capa de mi mente, Él estuviera ahí, conmigo.

"De pronto ya estaba soñando. Estaba en la parte trasera de una gran iglesia llena de gente que gritaba alabanzas a Dios. Mi lugar estaba en la última banca y me resultaba muy difícil ver el frente de la Iglesia desde allí. Para mi sorpresa vi que el Sacerdote entraba a la Iglesia precisamente por la puerta por donde entra toda la comunidad; estaba vestido con sus vestiduras doradas, pude ver que era joven porque su cabello era oscuro y abundante, pero no pude ver su rostro porque estaba sosteniendo en alto la custodia con el Señor. Como estaba en el último lugar, fui la primera en verlos; después de eso todo el pueblo se dio vuelta y se dio cuenta de que Él venía, y continuaron alabando a Dios en alta voz, dirigiendo ahora sus oraciones a la custodia.

"En un instante, el Sacerdote ya no estaba, estaba Jesús parado allí, vestido de blanco, con Sus ojos tiernos mirándome; extendió Su mano para que lo sostuviera. Cuando tomé Su mano, comenzamos a caminar hacia el frente de la Iglesia, miré a mi alrededor pero al parecer la gente seguía viendo al Sacerdote y la custodia y nadie podía verme, solo Él; Yo era invisible junto a Él... o tal vez Él se hizo tan invisible como yo lo era para el mundo. No solo eso: Mientras caminábamos, todo el camino hacia el frente al Altar, parecía que Él solo podía verme a mí, todo el tiempo mientras sostenía mi mano me miraba a los ojos y seguía repitiendo varias veces ' Te amo. Eres muy importante para mi. Te cuido y te amo." Y entonces me desperté.

"El sueño era tan real y el sentimiento tan tranquilizador, más real que la conexión que tenía con las chicas a las que consideraba amigas. Cuando desperté parecía que Jesús se había ido, pero sé que Él nunca me ha dejado. Él está más cerca de mí que yo de mí misma... Él es mi verdadero amigo..."

Los ojos de la tía volvieron a parpadear con vida, y a pesar de la fragilidad en su mirada, le sonrió gentilmente a su sobrina con esperanza y amor, como si la hubiera estado escuchando todo el tiempo...

Cuando terminó de contarle a su tía todo lo que pasó durante la noche, mi espíritu se animó. Sentí tanta alegría por ser testigo del amor de Dios por cada criatura, tanto amor que nos hace sentir tan especiales a cada uno.

Entonces la vi...

Mi misión.

No se trataba de ella... ¡y al mismo tiempo, si!

Tal vez ella no sea especial en el diseño del mundo... pero ella es especial *a los ojos de Dios*.

Más allá de todas sus faltas y fracasos, para Él ella ya era un sueño hecho realidad; Él le concede todas estas gracias, la protege solo porque así lo desea; Su amor por ella es tan intenso que los demonios se marchitaron, tratando desesperadamente de ocultar la luz, de borrar incluso el recuerdo de Su preciosa creación. Y si bien Él le concedió esta gracia, este momento que compartimos fue una luz que brilló sobre ambos y sé que permanecerá conmigo para siempre.

Al día siguiente era Domingo y la niña siguió su rutina habitual con su familia antes de la misa. Mientras se arreglaba frente al espejo, se miró fijamente a los ojos y se preguntó: *¿Fue solo una ilusión? ¿O fue algo más?* Para distraerse de esas preguntas, se dedicó a buscar sus zapatos elegantes que combinaban con su vestido; cuando tomó la caja de zapatos que estaba guardada en su armario, se deslizó un pequeño sobre. La niña se agachó para recogerlo; luego le dio la vuelta y vio que era una tarjeta que una de sus amigas le había regalado por su duodécimo cumpleaños: "¡¡¡Amigas para siempre!!!" leyó. Las palabras la hicieron burlarse en el fondo. Giró un poco los ojos en tono de incredulidad y arrojó la tarjeta al contenedor de basura junto a su cama.

De repente ahí estaba ella... otra vez... pensando en los problemas que tuvo con sus amigas; bajó la guardia y se aferró de nuevo a un resentimiento persistente que se pudrió en su corazón hasta que todos sus pensamientos y sentimientos salieron sueltos como un león rugiente en la naturaleza.

Me asombré... ¿Cómo fue esto posible? ¿Ha recibido tanto y se le olvida tan fácilmente?!

Ella comenzó a murmurar en voz baja: "Si tuviera amigas y

estuviera en una situación diferente, podría empezar a pensar en ser Santa..."

No pude contenerme. Me agaché hasta su nivel y le susurré: "Entonces, ¿por qué no empiezas ahora mismo?."

La expresión de la niña cambió, como si la nube de tormenta que se agitaba en ella se disipara de repente. Me alegré de ver que podía escuchar mi voz nuevamente. Cuando la voz del orgullo se apagó, otra comenzó a ocupar su lugar; sonaba como encerrada, pero continuó subiendo de tono hasta que entró en la habitación de la niña.

"¡Ey!" La madre de la niña volvió a llamar.

Cuando la niña salió de sus emociones, se giró para mirar a su madre. "¿Sí?"

"¿Me escuchaste?"

"¿Qué dijiste?"

"Te estaba preguntando si estabas lista, pero no respondías."

La niña intentó deshacerse de su aturdimiento. "Lo siento, solo estaba distraída."

La madre dijo "Bueno, será mejor que te apresures, nos vamos en unos 10 minutos" y salió de la habitación para atender sus otros asuntos mientras la niña rápidamente agarraba su pequeño bolso y corría hacia el dormitorio de su tía. La niña abrió la puerta con cuidado y miró a su tía, que no parecía más descansada que el día anterior.

"¿Tía?" comenzó la niña, "¿puedo preguntarte algo?" Cuando la tía asintió, la niña se acercó un poco y le dijo: "Creo que todavía me cuesta perdonar. ¿Qué crees que debería hacer ahora?

La tía tomó con dificultad la libreta y el bolígrafo de las manos de la niña para poder escribir su respuesta; en su estado debilitado, le faltaban incluso fuerzas para hablar. Pero con la fuerza de voluntad que le quedaba, escribió en la página del cuaderno: "Pídele a Dios que te ayude a perdonar... luego actúa como si ya hubieras perdonado."

La niña sonrió y dijo "¡Gracias! Lo intentaré." con una mirada preocupada en sus ojos. Me di cuenta de que no estaba cuestionando tanto la sabiduría de su tía sino si este camino le funcionaría. Sin decirle a su tía cómo se sentía, la besó en la frente y le dio un suave abrazo. Cuando la bocina del auto sonó afuera, la niña soltó a su tía y salió corriendo, siguiendo el sonido del motor que estaba al dar la vuelta de la esquina de la cochera.

Cuando toda la familia estaba en misa, vi a uno de los hermanos caídos en el hombro de la niña como un gusano retorciéndose, intentando distraer los pensamientos de la niña. Saqué mi espada y corté a la vil criatura, pero cuando miré a la niña, vi que el daño ya estaba hecho. La misma idea que le plantó su antigua amiga ese fatídico día, volvió.

"Soy una piedra de tropiezo," susurró la niña para sí misma. "No, ni siquiera eso: soy una piedrita. Una piedrita molesta dentro del zapato de alguien. Si estuviera suelta dentro del zapato de Jesús, probablemente Él me levantaría..."

En ese momento, Dios transmitió su mensaje a la niña a través de mí: "Él te levantaría tiernamente, te tomaría en Sus manos, te miraría como Su piedra más preciosa y te guardaría dentro de una de Sus llagas."

Ante estas palabras ella comenzó a llorar. Sus lágrimas lavaron el dolor de su espíritu herido. Hizo lo que su tía le dijo que hiciera: oró pidiendo la gracia de poder perdonar a sus antiguas amigas y a ella misma. Mientras ella estaba orando con sus manos vacías y su corazón dispuesto, vi a la Santísima Virgen María poner en esas manos, con toda la ternura y la gracia de una madre, dos ramos grandes y largos de florecitas blancas parecidas a los jazmines que colgaban casi hasta llegar al suelo; la niña se veía tan preciosa como su ofrenda, que agradaba a Dios. Todas las huestes del Cielo y del Purgatorio estaban unidas a sus oraciones y a las oraciones de todos los que la rodeaban.

Después de la Santa Misa, un sacerdote vino a su casa para darle la Sagrada Comunión a su tía. Todos los que estuvimos presentes fuimos testigos de este acontecimiento: Después de que la anciana recibió al Señor en la Eucaristía, su cuerpo recuperó fuerzas y su rostro se volvió visiblemente más joven. Estaba radiante, como una novia a punto de entrar a su banquete de bodas. Todo el mundo estaba en un silencio reverente. La niña dijo "¡Creo que se mejorará!"... pero unos minutos después su cuerpo volvió a mostrar su vejez y debilidad.

Aunque la gente no lo vio, yo vi que su espíritu cobró tanta fortaleza que estaba lista para enfrentar cualquier cosa en el mundo.

La familia decidió rezar la Coronilla de la Divina Misericordia; incluso cuando la tía no podía hablar, su devoción la hacía presente en el momento, y en cada oración, su cadencia se hacía más lenta y su respiración se hacía cada vez menos pronunciada, como la llama de una pequeña vela a punto de apagarse en el silencio. Pero a pesar de las luchas que el mundo le azotó, a pesar del miedo permanente a la muerte de cada ser en toda la creación... El último aliento de la anciana fue un pacífico, entregado, unido al último "Amén."

En los meses posteriores a la transición de este mundo de la tía, los días fueron lluviosos... pero no fue suficiente para apagar la luz que su memoria llevaba en este mundo. La niña todavía llevaba ese fuego dentro de ella; estaba en la cocina preparándose un sándwich mientras hablaba con su gato que estaba descansando en una silla.

"Bueno, Patches, ni siquiera me di cuenta del momento exacto en que las perdoné. No siento ningún resentimiento ni odio ni nada. Incluso me alegré cuando empezaron a hablarme de nuevo. La amiga que nos dejó por las chicas de preparatoria incluso me dijo que se fue con ellas para poder empezar a besar chicos. No me malinterpretes: me da gusto que todas seamos libres de tomar nuestras propias decisiones... pero aprendí que no debe importarme si ellas se interesan por mi o no. Lo que me importa es lo que yo hago o no hago por Dios." El gato no parecía estar muy interesado en la conversación, por lo que en respuesta solo apoyó su barbilla en su pata y cerró los ojos.

Obviamente, al gato no le importaba... pero a mí sí...

Me aferraba a cada palabra, porque sus cavilaciones sobre su conexión con Dios eran como versos rítmicos en un poema de amor.

Luego, afuera, un trueno hizo que el gato saltara y se escabullera debajo del sofá de la sala. Los ojos de la niña se dirigieron rápido a la ventana y vio las nubes encapotadas, las calles mojadas, la gente corriendo hacia sus casas con sus paraguas. Fue a la sala para encender el televisor y poner el canal de noticias, y tan pronto como la imagen se vió, las primeras palabras que escuchó decir al meteorólogo fueron "tormenta perfecta." Iba a afectar a las ciudades costeras del otro lado del país, pero dijo que iba a ser un acontecimiento devastador para la gente y la economía del país.

En ese instante ella se arrodilló en oración y vi cuán ferviente, inocente y desesperada estaba. Yo, el mismo que una vez estuvo del lado del Ángel de la Destrucción, ahora iba a suplicar a *su* favor, en nombre de las oraciones de esta niña que era "una más en la multitud."

Me pareció peculiar que ella sintiera tanta pasión y preocupación por personas que nunca había conocido en su vida, pero la desesperación era tal que me sentí obligado a llevar este caso de nuevo directamente al salón del trono. Cuando alzaba mis ojos al Cielo mi mirada se topó con el Ángel de la Destrucción, quien estaba ataviado con una armadura que brillaba plateada como las estrellas, su coraza adornada con la Cruz de nuestro Señor y su cabeza cubierta con una capucha blanca como un monje. Tenía una espada en alto, como si estuviera listo para golpear esos pueblos.

Le llamé: "¡Hermano!"

Me miró con mirada serena y rostro tranquilo, y sin cuestionar nada se limitó a responder:

"Siempre me da mucha alegría verte, hermano. Pero ahora debo estar atento. Esta es mi primera línea," y volvió a mirar hacia arriba como si fuera a seguir con su misión.

"¡Espera, para!" grité.

El Ángel de la Destrucción se detuvo y esta vez nos miró a ambos, la niña que estaba rezando y yo, con cierto asombro en su expresión:

"¿Qué pasa, hermano?"

"Por favor, no destruyas esas ciudades."

El rostro del ángel se volvió muy reverente y lleno de perplejidad. Luego respondió:

"Yo obedezco órdenes sólo de Dios."

Mientras decía esto, clavó con su espada la enorme nube que estaba bajo sus pies. Miró al frente, se enderezó firme en pie como un soldado agarrando la espada por la empuñadura como esperando órdenes.

Miré a mi derecha y vi que las multitudes de ángeles comenzaron a arrodillarse uno tras otro mientras el Señor se acercaba a nosotros.

Él, el Yo Soy.

Cuando estaba arrodillado, noté que la tía de la niña estaba parada junto a Él, sonriéndome cálidamente. Su rostro se veía tan joven y lleno de vida, como si nunca hubiera pasado de los 33. Ninguno de los dos dijo nada al principio; pasaron junto a nosotros hacia el borde de los Cielos para ver con sus propios ojos a la niña, que todavía estaba de rodillas orando como si el tiempo no importara.

"Nunca tuve una hija, Jesús, sólo sobrinos y sobrinas. Los

amaba a todos por igual... pero ella es la única que alguna vez se tomó el tiempo para compartir mi mundo."

Entonces el Señor me miró y me dio *a mí* una revelación: "Mi corazón está en el corazón de ella. Si su corazón se rompe... el mío también..."

El Ángel de la Destrucción dijo con voz fuerte como un rayo "Hágase Su Voluntad..."

"...así en la Tierra como en el Cielo," terminamos todos.

La niña continuó orando fervientemente a Dios, y una gran paz y confianza envolvieron su ser. Tuvo la certeza y la fe de que todo estaría bien.

Los siguientes días estuvo siguiendo las noticias y notó que la enorme nube no se movía del mismo lugar en el cielo. Estaba estacionaria, hasta que un día se desintegró en el aire y desapareció, lo que hizo que su corazón se alegrara y se llenara de esperanza. .. Y luego entendí algo más:

Esta niña tenía algo muy especial en verdad.

Ella tenía a Dios tomado de su mano a través de mí, porque ella se había puesto en las manos de Dios.

Unos años más tarde, aquí está ella, mirándose en el espejo. No necesito entrar en sus pensamientos y ver lo que está pensando, pues eso corresponde sólo a Dios. Estoy maravillado de ver que este es el día en que pronunciará sus votos en la capilla. Se ve tan hermosa con su velo blanco en la cabeza... Pero yo todavía la veo como esa niña que Dios me encomendó cuidar. Para mí, sigue siendo la niña de la capilla siguiendo con la mirada la estrella de la corona de la Virgen María, la niña con sus amigas en la fiesta, la niña junto a la cama de su tía.

. . .

Tan grande es la enormidad del tiempo... pero los humanos, incluso la vida más larga es *una historia corta*. Tan débiles como parecen, cuando se mantienen juntos, forman una cadena fuerte de amor. Y así cuan pequeño sea el eslabón, representa un punto crucial para muchos otros en el tiempo, el espacio, y la eternidad. No sé las decisiones que tomará, pero por mi parte sé que continuaré con la gracia de Dios, luchando por ella y a su lado. Estamos juntos en esto, pase lo que pase.

AMOR DIVINO

Hoy te agradezco, amor divino,
Por todas las cosas que me has dado,
Por los momentos vividos
Por los momentos soñados,
Por las bendiciones que me otorgas.
En cada respiro que tomo.
Un día te pedí me mostraras una rosa
Tú me mostraste en cambio un jardín de flores hermosas.
Y no obstante todas estas cosas bellas,
me dibujaste un corazón con las estrellas.
Por eso, y más aún, amor divino
Aun cuando no se el día de nuestro encuentro
Tengo por seguro que será un abrazo eterno.

Agradecimientos

Dedico este trabajo a Dios, quien ha sido mi guía y mi fuente de amor durante toda mi vida. Para que este libro se hiciera realidad, tuvieron que suceder muchas cosas. Primero que nada quiero agradecer a Dios por darme vida y Sus inspiraciones. Me hizo ver las cosas bajo una nueva luz, usando mi intelecto, memoria, e imaginación, como si estuviera desenrollando una bola de estambre, lenta y cuidadosamente.

Estoy muy agradecida con Nuestra Señora. Ella me acogió como a su propia hija y por ese inmenso amor suyo me acercó a su Hijo, Jesús. Quiero agradecerle a ella y a mi Ángel de la Guarda, que siempre han estado conmigo. Gracias a todos los Ángeles y Santos que han sido también mis constantes compañeros y ejemplos de amor.

También aprecio a las personas que Dios puso en mi camino, quienes han sido Sus mensajeros y maestros para mí, compartiendo conmigo Sus palabras y lecciones. Han enriquecido mi vida y me han ayudado a crecer en la fe. Ha habido innumerables sacerdotes y amigos que han compartido su sabiduría y, a través de su amor, fui guiada en este momento a escribir este libro.

Durante toda mi niñez y juventud, mi madre Olga Sabina, colaboradora de Dios creador de todos, cuidó mi vida en su vientre y durante toda mi vida hasta el momento presente, ha sido un ejemplo como madre, que cuidó a sus hijos y nos educó con amor, nos enseñó la fuerza para afrontar los desafíos de la vida.

Mi padre Fabián Francisco Manuel, el mejor padre que

Dios pudo haber elegido para nosotras, cumplió su misión de transmitirnos la sabiduría, el tierno cuidado y el amor de Dios, mostrándonos la imagen paterna del Padre. Su amor y sus enseñanzas aún permanecen con nosotros.

Quiero agradecer a mi esposo que siempre me ha apoyado con este proyecto y me ha brindado sus mejores aportes y consejos para manifestar la gloria de Dios; sus acciones heróicas con nosotros manifiestan el gran amor de Dios hacia nosotros. Él diseñó la imagen de la portada, y a través de su ejemplo, contribuyó en gran manera para formar mi concepto de amor. También colaboró conmigo para escribir la letra de algunas de las canciones, y me ayudó a decidir en las imágenes entre los capítulos. Sus ideas, esfuerzos y tiempo invertido en esta obra de amor, no tiene precio.

Me gustaría expresar mi más sincero agradecimiento a mi primogénito Paul Fabian, quien colaboró conmigo en la composición y arreglos del último capítulo "Una historia corta." Su mente brillante y escritura creativa ayudó a darle vida de una manera muy atractiva. También asistió con el formato del libro, agregó las referencias bibliográficas donde fueron necesarias, solicitó los permisos para la publicación, e hizo todo lo necesario para su impresión. Su ayuda y esfuerzo son un tesoro para mí.

Gracias también a mi hijo menor, Gabriel Ramón, quien ha sido fuente de inspiración con sus experiencias y vida, su discernimiento, sus testimonios de felicidad, y por su valiosa opinión concerniente a los temas de este escrito.

Agradezco al Padre Larry Brault, quien ha tenido el amor y la paciencia de escucharme y darme guía espiritual. Amablemente accedió a mi solicitud de leer cada uno de los capítulos antes de su publicación y me brindó sus comentarios. Él me dio la idea del subtítulo para el libro, así la gente sabría cuál sería el contenido. El Espíritu Santo lo inspiró a organizar un retiro para parejas donde se compone una oración personalizada; de dicho retiro surgió como fruto la oración que escribimos y que se convirtió en el alma de una de las canciones. Su guía ha sido de gran ayuda a través de todos estos años.

Quiero agradecer a mi amiga María Tadea Carrillo, que ha estado conmigo desde el principio, cuando los temas de este libro eran apenas conversaciones. Ella siempre ha sido un motivo de aliento y un tesoro como amiga. Gracias a su motivación esta obra también está en español.

Mi agradecimiento va también para Carina Martins, una joven brillante que creyó en este proyecto desde el principio, lo cual significó mucho para mi. Sus palabras de apoyo, curiosidad y las muchas preguntas que hizo acerca de los temas en esta obra, reforzaron la importancia que estos tópicos tienen para la juventud.

Gracias a Darlene McLaughlin, quien se inspiró para decirme que algún día yo escribiría un libro. Su confianza en esa posibilidad se quedó conmigo y sirvió como fuente duradera de motivación a través de todo el proceso.

También quiero agradecer a Brendan Joseph Torres porque su búsqueda comprometida de la verdad y su continuo impulso para encontrar a Dios, las preguntas de su mente joven fueron las primeras que me motivaron a retomar la escritura de estos capítulos y buscar su publicación.

Gracias a Cathy Murray, quien se tomó mucho de su valioso tiempo para leer la obra completa cuando estaba terminada, y me hizo todas las recomendaciones necesarias en cada hoja del libro en cuanto a gramática para que fuera comprensible al leerlo en inglés.

Gracias a Athina Pantelidou, por su confianza y por caminar conmigo con la lectura del primer borrador de este libro. Su apoyo me dió energía en momentos de duda, su sinceridad y atención me tocaron profundamente, creyó en mí, lo que me inspiró a seguir escribiendo; también me asistió con la traducción de las palabras en Griego. Me siento honrada de contar con su amistad.

Estoy también agradecida con Vielka Diaz. Ella leyó una porción de este libro, y sus palabras de aliento y consejo invaluable han sido una fuente de inspiración en mi vida para convertirme en una mejor versión de mi misma. Su fuerte fe y compromiso son un ejemplo para todos a su alrededor.

Quiero agradecer también en verdad a Annie Simas, por su amistad a través de estos años. Sus oraciones constantes y ofrendas por mis intenciones son una fuente invaluable de fortaleza, y un apoyo espiritual en el proceso de la publicación de este libro.

Gracias a Lily Vázquez por también darme algunas ideas para el formato que se mostraría en la presentación final de este libro. Su compasión manifiesta cuánto le importan todas las personas a su alrededor.

Mi hermana Olga María, la primogénita de mis hermanas, fue mi modelo a seguir con su disciplina, dedicación y compromiso en todo lo que inicia; ella me enseñó con su ejemplo a dejar ir los rencores y resentimientos, y a no dejar que se queden en el corazón.

Mi hermana Martha Lucía quien me habló de Dios con sus palabras y ejemplo desde la infancia, me enseñó a leer; de bebé fui su muñequita y, en palabras de Beatriz Navarro, mi primera "comadre"; ella me mostró la actitud del rostro amable de Dios.

Mi hermana Lilyana, más cercana a mi edad, me enseñó la alegría y la paciencia que viene de Dios. Ella leyó los borradores de este libro cada vez que hice un cambio y lo actualicé —fue un alivio para mí ver que ella lo recibió con agrado y siempre me mostró que estaba feliz de leerlo.

Mi cuñado José Santos, fue el primer hermano espiritual que Dios puso en mi vida cuando se casó con mi hermana mayor. Su fidelidad a Dios y obediencia a Sus mandamientos fueron ejemplares, al dejar a sus padres para mudarse a una ciudad lejana para cuidar a su propia familia.

Mi cuñado Carlos Alberto, también mi hermano espiritual casado con mi hermana Lilyana, también ha sido un ejemplo del amor de Dios, pues también ha sido obediente a los mandamientos de Dios, siempre ofreciendo una palabra de consejo a la familia y a todos quienes lo necesitan.

Mi abuela María me enseñó la importancia de la obediencia, ella fue una figura muy influyente en mi educación. Estuvo siempre con nosotros y tuve la bendición de conocerla y ser testigo de cómo su espíritu animado, su alegría y su paciencia en el sufrimiento pueden darnos fuerza.

Mi tía María Arcelia, fue un pilar para nosotros, cada vez que teníamos un problema sabíamos que podíamos recurrir a ella. Ella siempre estuvo ahí para nosotros, ayudándonos en todo lo que podía. Con su vida nos enseñó pureza, honestidad, confiabilidad y fortaleza en las peores circunstancias.

Mi amiga Tassila Jordao, que me dió su opinión en cuanto a las imágenes para este libro. Ella también me ha dado la oportunidad de asistir a Misa diaria—por lo tanto permitiéndome que me nutra con el alimento espiritual.

Mi tío Juan Cota Osuna, hermano de mi papá, ha sido para muchos modelo de conversión, y para mí, fuente de inspiración para no dudar en la idea de publicar un libro que tenga como intención ayudar en la fe.

Mi prima Erika Lissette era casi como una hermana más para mí, como éramos vecinas y de la misma edad, compartimos muchos momentos y recuerdos felices en nuestra infancia y juventud. Con su vida he sido testigo del poder de Dios y del tipo de amor que no espera nada a cambio.

Gracias a mi familia extendida, la familia que mi esposo tuvo en su infancia, su papá Ramón, mamá Amalia, hermanos Gabriel, Mónica, Anabel, quienes a través del amor que le brindaron a mi esposo y las experiencias que compartieron con él en sus primeros años, formaron la maravillosa persona que es ahora.

Gracias a Karla Ordaz, a quien conozco desde el jardín de niños y ha sido una amiga fiel hasta el día de hoy. Al tomarse el tiempo para leer el primer borrador de esta obra, me dio ánimo para continuar, aún cuando estaba en sus primeras fases.

Gracias a padre Guillermo Ochoa por su amistad y caridad hacia todos; padre Greggory Hoppough por reflejar la bondad de Dios y por aceptar ser mi guía espiritual; padre Richard Scioli por compartir su sabiduría; padre Rocco Puppolo por su empatía; padre Adriano Lessa por hacernos sentir bienvenidos y especiales; padre Anselm Nwagbara por siempre cuidarnos y ofrecer Misas por mi y mi familia; padre Peter Joyce por su caridad; Father Mario López, O.C. por recibirme como su hija espiritual; padre Félix, O.C. por compartir su felicidad y aprender de su ejemplo; padre Charles Countie, O.C. por mostrarnos que es posible vivir hasta el final con gozo; padre Stanley Parfienczyk por dedicar su tiempo a los fieles; padre George Dufour para ser un padre para mi y mi familia cuando no teníamos a nadie; padre John Sheridan por guiarme en mis primeros pasos en este camino; padre Timothy Murphy por su paciencia y amor por nosotros.

Gracias a los Diáconos Ernesto Tuberquia, David Villancourt, Pasquale Musulli, por brindarnos su amistad y cariño, y por apoyar a nuestros Sacerdotes.

Gracias al hermano religioso Steve Jubin quien nos dió su tiempo, amistad y amor, en enseñarnos un curso comprensivo y detallado acerca de la espiritualidad Ignaciana, ayudándonos a crecer en este camino.

Agradezco al Director de Música Litúrgica de la Parroquia del Sagrado Corazón de Jesús, Robert Blake Jr., por sus continuas enseñanzas y transmitir su conocimiento y educación, y por convertirse él mismo en uno de los instrumentos de Dios.

Gracias al profesor Matt Schmalz por mostrar interés en

leer los capítulos cuando estaban en la primera ctapa, estoy realmente agradecida por sus comentarios y por sus oraciones.

Agradezco también a todos los sacerdotes y religiosos que han estado en mi vida y que me han ayudado a formar mi conciencia, en el pasado y en el presente, cuyos nombres no incluí porque no los encontré, pero que sus enseñanzas permanecen en mi corazón.

A todos ustedes, gracias.

BIBLIOGRAFÍA

Brenan, Gerald. *San Juan de la Cruz: Su vida y poesía*. Traducido por Lynda Nicholson. Nueva York, NY: Cambridge University Press, 1973.

Catecismo de la Iglesia Católica. 2.ª ed. Washington, DC: Conferencia de los Obispos Católicos de los Estados Unidos, 2000.

De Botton, Alain. *La arquitectura de la felicidad*. Reimpreso. Nueva York, NY: Vintage, 2008.

Girard, René. *El chivo expiatorio*. Traducido por Yvonne Freccero. Baltimore, MD: The Johns Hopkins University Press, 1986.

Girard, René. *Veo a Satanás caer como el relámpago*. Traducido por James G. Williams. Maryknoll, NY: Orbis, 2001.

Jenson, Matt. *La gravedad del pecado: Agustín, Lutero y Barth sobre el "homo incurvatus in se"*. Nueva York, NY: T&T Clark, 2006.

Kavanaugh, Kieran, y Otilio Rodriguez, trads. *Las obras completas de Santa Teresa de Ávila*. Vol. 3. Washington, DC: ICS Publications, 1985.

Metz, Johann Baptist. "Sufrir por Dios: La teología como teodicea." *Pacifica: Australasian Theological Studies* 5, núm. 3 (octubre de 1992): 274–87. https://doi.org/10.1177/1030570x9200500303.

Stein, Edith. *Ser finito y ser eterno*. Traducido por Kurt F. Reinhardt. Washington, DC: ICS Publications, 2002.

Stein, Edith. *Sobre el problema de la empatía*. Traducido por Waltraut Stein. Reimpreso. Berlín, Alemania: Springer Science+Business Media, 1964.

Eliot, T. S. "Burnt Norton." Ensayo. En *The Complete Poems and Plays of T. S. Eliot*, 171–76. Londres, Reino Unido: Faber and Faber, 1969.

Tanquerey, Adolphe. *La vida espiritual: Tratado de teología ascética y mística*. Traducido por Herman Branderis. 2.ª ed. Baltimore: Saint Benedict Press, LLC, 2000.

Tierney, Brian. *La Edad Media, Volumen I: Fuentes de la historia medieval*. 6.ª ed. Vol. I. Nueva York, NY: McGraw-Hill College, 1999.

Viladesau, Richard, y Mark Massa, eds. *Fundamentos del estudio teológico: Un libro de fuentes*. Mahwah, NJ: Paulist Press, 1991.

Wolff, Pierre, trad. *Los ejercicios espirituales de San Ignacio de Loyola*. Liguori, MI: Liguori/Triumph, 1997.

VERSIÓN EN ESPAÑOL: *Biblia de Jerusalén*, para todos los pasajes bíblicos.

Cantos inspirados en "Más Fuerte Que Todo"

Como complemento a este libro, mi esposo y yo hemos preparado un cancionero con música inspirada en estos textos, para seguir descubriendo que Su amor es, verdaderamente, más fuerte que todo. Estas canciones nacen como una forma de profundizar, meditar y acompañar este camino espiritual, prolongando en la oración lo vivido a lo largo de estas páginas.

A excepción de los Salmos, la letra de las canciones ha sido compuesta por nosotros, mientras que las voces y la música han sido generadas con el apoyo de herramientas de inteligencia artificial. Puedes acceder a ellas en los siguientes códigos QR, o busca en el canal de YouTube @Masfuertequetodo o @Greaterthanallsongs:

Español   Inglés